REISEFÜHRER

KIEL

DIE GRÜNE STADT AN DER FÖRDE

Andreas Srenk | Ottmar Heinze

KIEL

DIE GRÜNE STADT AN DER FÖRDE

Fotos: Kurt Hilberath, Roger Weil, Abraham Pisarek, Friedrich Magnussen (S. 48–51); Bodo Quante (S. 78–79, 82 u. re.)
Alle anderen Fotos stammen von Ottmar Heinze.

Karte: Kartographiestudio, Jochen Fischer

Coverabbildungen: Blick auf die Nikolaikirche und Förde (groß), QUEEN ELIZABETH (o. li.), Rathaus (o. re.)
Rückseite: Kleiner Kiel

Der Fotograf Ottmar Heinze bedankt sich bei Kiel-Marketing für die sehr gute Unterstützung.

Ein Gesamtverzeichnis der lieferbaren Titel schicken wir Ihnen gerne zu.
Bitte senden Sie eine E-Mail mit Ihrer Adresse an:
vertrieb@koehler-books.de
Sie finden uns auch im Internet unter: www.koehler-books.de

Bibliografische Information der Deutschen Nationalbibliothek
Die Deutsche Nationalbibliothek verzeichnet diese Publikation in der Deutschen Nationalbibliografie; detaillierte bibliografische Daten sind im Internet über http://dnb.d-nb.de abrufbar.

ISBN 978-3-7822-1303-5

Gestaltung: Fred Münzmaier
Printed in Europe

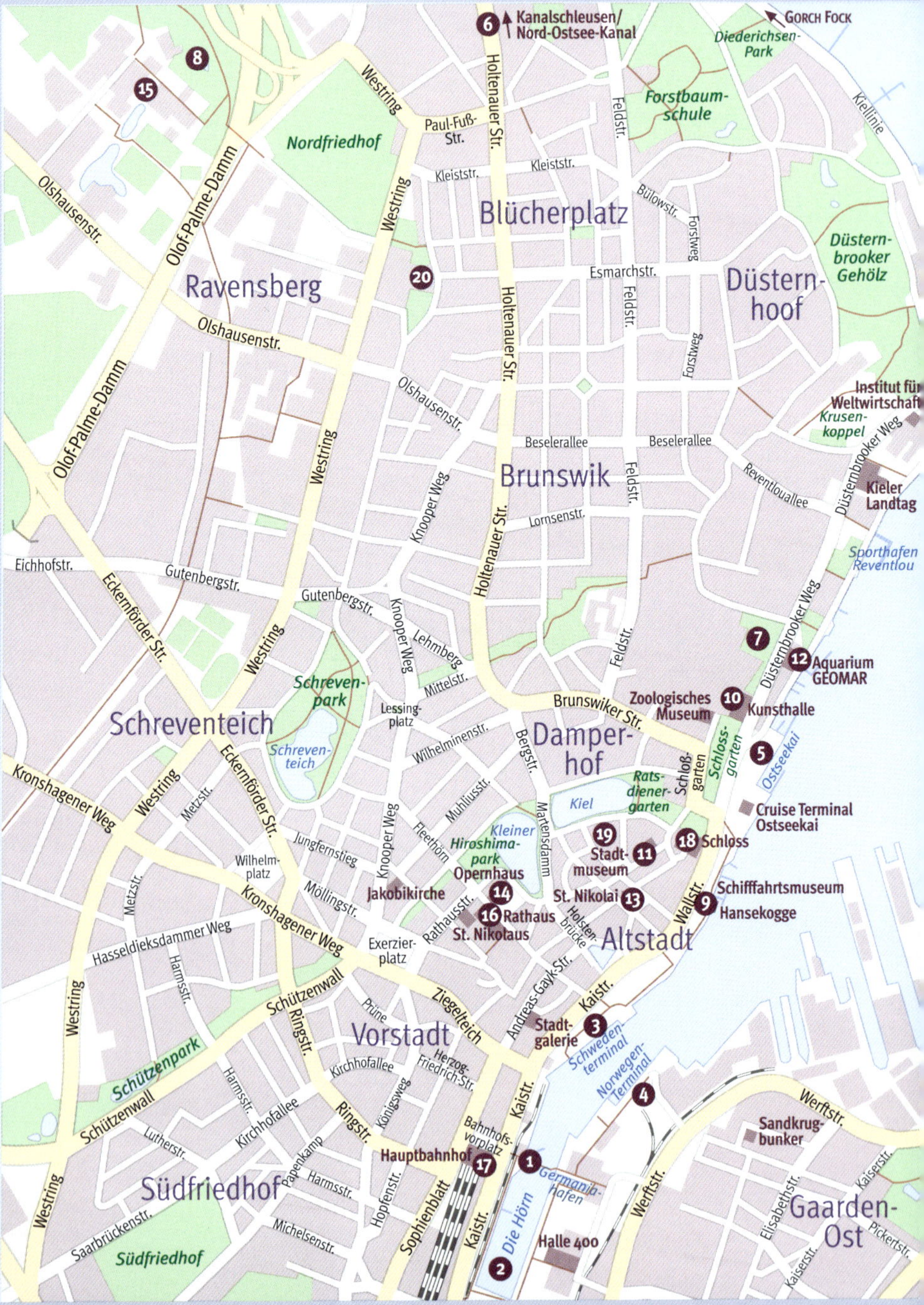
6 Kanalschleusen/ Nord-Ostsee-Kanal
Gorch Fock
Diederichsen-Park
Kiellinie
8
15
Westring
Paul-Fuß-Str.
Holtenauer Str.
Nordfriedhof
Forstbaum-schule
Feldstr.
Kleiststr.
Olshausenstr.
Olof-Palme-Damm
Blücherplatz
Bülowstr.
Forstweg
Düstern-brooker Gehölz
20
Esmarchstr.
Düstern-hoof
Ravensberg
Olshausenstr.
Institut für Weltwirtschaft
Krusen-koppel
Düsternbrooker Weg
Beselerallee
Brunswik
Reventlouallee
Kieler Landtag
Knooper Weg
Lornsenstr.
Eichhofstr.
Gutenbergstr.
Sporthafen Reventlou
Eckernförder Str.
Lehmberg
Mittelstr.
Schreven-park
Lessing-platz
7
12 Aquarium GEOMAR
Brunswiker Str.
Zoologisches Museum
10 Kunsthalle
Schreventeich
Schreven-teich
Damper-hof
Bergstr.
Wilhelminenstr.
5
Ostseekai
Schloss-garten
Schloß-garten
Rats-diener-garten
Kiel
Kronshagener Weg
Metzstr.
Jungfernstieg
Fleethörn
Muhliusstr.
Kleiner Hiroshima-park
Martensdamm
Cruise Terminal Ostseekai
19 Stadt-museum
11
18 Schloss
Wilhelm-platz
Möllingstr.
Jakobikirche
Opernhaus
14
16 Rathaus
St. Nikolaus
St. Nikolai 13
Schifffahrtsmuseum
9 Hansekogge
Rathausstr.
Holsten-brücke
Wallstr.
Altstadt
Hasseldieksdammer Weg
Harmsstr.
Exerzier-platz
Andreas-Gayk-Str.
Kaistr.
Schützenwall
Ringstr.
Prüne
Ziegelteich
Vorstadt
Stadt-galerie 3
Schweden-terminal
Norwegen-Terminal
Schützenpark
Kirchhofallee
Herzog-Friedrich-Str.
Königsweg
4
Werftstr.
Sandkrug-bunker
Lutherstr.
Bahnhofs-vorplatz
Hauptbahnhof 17
1
Germania-hafen
Papenkamp
Hopfenstr.
Südfriedhof
Michelsenstr.
Sophienblatt
Die Hörn
Halle 400
2
Elisabethstr.
Kaiserstr.
Gaarden-Ost
Pickertstr.
Saarbrückenstr.
Südfriedhof

1. Die Hörn
2. Hörnbrücke
3. Schwedenkai
4. Norwegenkai
5. Ostseekai
6. Leuchtturm Holtenau
7. Alter Botanischer Garten
8. Neuer Botanischer Garten
9. Schifffahrtsmuseum
10. Kunsthalle
11. Warleberger Hof
12. Aquarium (Helmholtz-Zentrum)
13. St. Nikolai
14. Theater Kiel
15. Christian-Albrechts-Universität
16. Rathaus
17. Hauptbahnhof
18. Kieler Schloss
19. Kulturzentrum Pumpe
20. Wasserturm Ravensberg
21. Museum Alte Metallgießerei

HOCH IM NORDEN

Deutschlands nördlichste Großstadt, die sich hufeisenförmig um den Naturhafen Kieler Förde erstreckt, lag nach ihrer Gründung 1233 lange Jahre im Schatten von Lübeck und Flensburg. Daran änderte sich auch wenig, als die Stadt 1283 der Hanse beitrat. Man beteiligte sich eher lustlos an gemeinsamen Aktivitäten – und auch die Handelsprivilegien wurden kaum genutzt, da der Einfluss des Kieler Landesherrn

Kieler Förde bei Laboe

sich allzu stark auf die Wirtschaft auswirkte, was den freien Hansestädten ein permanenter Dorn im Handelsauge war. Also sorgten diese kurzerhand für den Ausschluss der ungeliebten Stadtschwester. Hinzu kam damals noch ein Vorwurf, der unter ehrbaren Hanse-kaufleuten schwerer kaum wiegen konnte: Kiel sollangeblich Piraten beherbergt haben.

Christian-Albrechts-Universität

Kiel, an der historischen Schnittstelle zwischen dänischem Königreich und römisch-deutschem Reich, geriet immer wieder in die Machtkämpfe der rivalisierenden Parteien. Einen wichtigen Entwicklungsschritt machte die Stadt mit der Gründung der Christian-Albrechts-Universität 1665 durch Herzog Christian Albrecht von Gottorf, die im Laufe der Zeit so manchen bekannten Gelehrten anzog und die Rolle Kiels als Wirtschafts- und Wissenschaftsstandort festigte.

Weitere Impulse brachte die günstige Lage am Meer: Sie begünstigte den Aufbau ziviler und militärischer maritimer Strukturen. Die Werftindustrie und der Ausbau der Marine verliehen der Stadt zunehmend strategische Bedeutung.

Als nach dem Ende des Zweiten Weltkriegs auf Beschluss der britischen Militärregierung die Provinz Schleswig-Holstein aus dem Land Preußen herausgelöst wurde, erhielt Kiel die Würde der Landeshauptstadt. Der sich entwickelnde Regierungsapparat aus Behörden und Ministerien wirkte sich auf dem Arbeitsmarkt positiv aus und machte Kiel zur wachsenden Stadt. Heute lebt knapp eine Viertelmillion Menschen an der Förde.

Kiel verfügt über eine hohe Lebensqualität und punktet mit viel Grün, viel Wasser, einigen innerstädtischen Stränden und einer Weitläufigkeit in der Anlage, die keine Enge aufkommen lässt. Viele alte Gebäude wurden im Krieg zerstört. Eine klassische Altstadt fehlt deshalb. Kiel vermittelt aufgrund seiner Lage und Ausdehnung den Eindruck, deutlich mehr als 240.000 Einwohner zu haben.

Zum Flair der Stadt gehört der mitten in der City gelegene Fähr- und Kreuzfahrthafen. Mit etwa zwei Millionen Passagieren im Jahr zählt Kiel zu den bedeutenden Passagierhäfen Deutschlands. Fähren verbinden die Stadt mit Oslo, Göteborg und Klaipeda in Litauen. Neben den Fährschiffen stechen auch die ganz großen Pötte von hier aus zu Kreuzfahrten in See. Weiteren Schiffsverkehr generiert der Nord-Ostsee-Kanal, der im Stadtteil Holtenau endet. Er gilt als meistbefahrene künstliche Wasserstraße der Welt.

Weltweit bekannt ist die Kieler Woche, die bereits seit 1882 alljährlich stattfindet und als eine der größten Segelsportveranstaltungen der Welt gilt. 2018 zogen die zahlreichen Veranstaltungen weit über drei Millionen Besucher aus dem In- und Ausland an.

Zwei Kuriositäten zum Schluss: In Kiel setzte die Post tatsächlich bis 1957 Postkutschen ein, um Briefe und Pakete zuzustellen. Und wer hätte gedacht, dass die schleswig-holsteinische Landeshauptstadt gar doppelte Olympiawürden vorweisen kann? Sowohl 1936 als auch 1972 wurden die olympischen Segelwettbewerbe in der Stadt an der Förde ausgetragen.

Blick auf den Kleinen Kiel

GESCHICHTLICHER ÜBERBLICK

1233: Kiel wird von Adolf IV. gegründet.

1242: Kiel erhält das Lübische Stadtrecht, das in mehr als 100 Städten des Ostseeraums galt. Der Name leitet sich ab von „tom Kyle", was schließlich zu „Kiel" wurde. „Kiel" stammt aus dem Niederdeutschen ab und bedeutet „Keil". Damit ist vermutlich die Lage an der Förde gemeint, die wie ein Keil ins Land hineinragt.

1242: Die Nikolaikirche wird gebaut und ist heute das älteste Gebäude der Stadt.

1283: Kiel tritt der Hanse bei.

1329: Kiel erhält eine Stadtmauer.

1352: Die Pest wütet in der Stadt.

1482: Der Kieler Umschlag ist zum ersten Mal verbürgt. Dies war jedes Jahr im Januar für eine Woche eine Art Marktplatz oder Messe für Geldgeschäfte zwischen Gläubigern und Schuldnern. Bürger und Adlige reisten aus der gesamten Region an, um ihre Finanzgeschäfte zu tätigen.

Zwischen **1530** und **1676** kommt es zu Hexenverfolgungen, in deren Verlauf mindestens 25 Personen hingerichtet werden.

1665: Die Christian-Albrechts-Universität wird von Herzog Christian Albrecht von Gottorf gegründet.

1728 wird der spätere russische Zar Peter III. als Sohn von Herzog Karl Friedrich von Schleswig-Holstein-Gottorf im Kieler Schloss geboren.

1803: In Kiel wird der erste botanische Garten Deutschlands eröffnet.

1814: Im Kieler Frieden kommt es zur Neuordnung Skandinaviens: Norwegen scheidet aus dem dänischen Gesamtstaat aus, und England behält Helgoland.

1815: Kiel wird Mitglied des Deutschen Bundes.

1838: Das erste große Industrieunternehmen, die Maschinenbauanstalt Schweffel und Howaldt, wird gegründet. Daraus entstehen später die Howaldtswerke-Deutsche Werft.

1850 wird das erste U-Boot der Welt in Kiel gebaut.

1882 findet die erste Kieler Woche statt.

1895: Eröffnung des Kaiser-Wilhelm-Kanals (heute Nord-Ostsee-Kanal)

1900: Kiel überschreitet die 100.000-Einwohner-Grenze und wird zur Großstadt.

1918: Der Kieler Matrosenaufstand löst die Novemberrevolution aus, die zum Sturz der Monarchie und zur Ausrufung der Republik führt.

1928: Der Flughafen Kiel-Holtenau geht in Betrieb.

1936: Kiel wird Austragungsort der olympischen Segelwettbewerbe.

1939–45: Die Stadt wird als wichtiger Stützpunkt der Kriegsmarine und Standort dreier Werften bei alliierten Luftangriffen zu 80 Prozent zerstört.

Am **7. Mai 1945** wird Kiel den Briten übergeben.

1946: Kiel wird Landeshauptstadt von Schleswig-Holstein.

1959: Die Holstenstraße wird eine der ersten Fußgängerzonen in Deutschland.

1965: Das bei einem Bombenangriff 1944 zerstörte Schloss wird wiedereröffnet.

1972: Kiel wird erneut Austragungsort der Segelwettbewerbe der Olympischen Spiele.

1992: Kiel feiert seinen 750. Geburtstag.

2014: Nach aufwendigen Sanierungsarbeiten wird die Fischhalle wiedereröffnet.

2018: In der vorerst letzten Ratsversammlung wird die SPD mit 29,9 Prozent stärkste Kraft vor der CDU (23,5 %) und den Grünen (20,4 %). Oberbürgermeister ist seit 2014 Ulf Kämpfer (SPD).

2019: Am 27. Oktober wird in Kiel ein neuer OB gewählt.

SPECIAL

WIE WURDE KIEL LANDESHAUPTSTADT

Kiel ist mit knapp einer Viertelmillion Einwohner eine der kleineren Landeshauptstädte in Deutschland. Nach dem Ende des Zweiten Weltkriegs gehörte Kiel zur britischen Besatzungszone. Am 23. August 1946 wurde das neue Land Schleswig-Holstein gegründet und Kiel zur Landeshauptstadt erklärt. Die Stadt war zu 80 Prozent zerstört, weil Kiel ein wichtiger Marinehafen war.

Doch als das neue Bundesland Gestalt annahm, stellte sich schnell die Frage: Welche Stadt macht denn nun das Rennen? Denn Kiel war nicht unangefochten und hatte einen großen Konkurrenten, nämlich Schleswig. Hier war bereits das Zentrum der preußischen Provinzialverwaltung beim Regierungspräsidenten gewesen. Zudem war dort zwischen 1879 und 1917 der Sitz des Oberpräsidenten angesiedelt.

Kieler Landtag nahe der Förde

Außerdem sprachen historische Gründe für Schleswig. Die Stadt war über Jahrhunderte die Residenz der Gottorfer Herzöge gewesen. Und Kiel war durch die Bombenangriffe viel stärker in Mitleidenschaft gezogen. Schleswig bot sich also an, die Verwaltungsbehörden aufzunehmen.

Doch die britische Militärregierung sprach ein Machtwort und entschied: The Capital is Kiel! Unter anderem, weil Kiel eine zentralere Lage hätte als Schleswig. Und in Kiel saß bereits während der Zugehörigkeit zu Preußen eine ganze Reihe von Behörden. Schon 1917 war der Sitz des preußischen Oberpräsidenten von Schleswig nach Kiel verlegt worden.

Und auch während der Zeit der Nationalsozialisten befand sich die Parteiverwaltung der NSDAP für Schleswig-Holstein in Kiel. Kiel war auch sogenannte „Gauhauptstadt“ und Sitz des Gauleiters Hinrich Lohse.

Kieler Landtag

So musste ab 1946 in Kiel Platz geschaffen werden: für Büroräume und Wohnungen der Verwaltungsbeamten. Und – man kennt das aus der Zeit nach der deutschen Wiedervereinigung, als der Regierungsapparat von Bonn nach Berlin wechselte – es mussten Kompensationen her für die Stadt, die im Machtkampf unterlegen war. Also für Schleswig.

Die britische Militärregierung stellte 1946 erhebliche finanzielle Mittel zur Verfügung, damit die zerstörte frühere Marineakademie am Düsternbrooker Weg wieder aufgebaut und der Landesregierung zur Nutzung bereitgestellt wird.

Mit der britischen Verordnung Nr. 46 wurde Schleswig-Holstein zum Bundesland und der letzte Oberpräsident Theodor Steltzer der erste Ministerpräsident. Der aus Trittau stammende CDU-Politiker formte tatsächlich eine Koalitionsregierung aus CDU, SPD und KPD.

Durch Bauverzögerungen an der Marineakademie zog die Landesregierung erst im Mai 1947 in das neue Gebäude ein, der Landtag gar erst Mitte 1950. Am Düsternbrooker Weg entstand im Laufe der Jahre ein kleines Regierungsviertel.

In Schleswig war die Lage inzwischen wegen der Verlagerung der Machtzentrale auch ökonomisch schwierig geworden. Als Ausgleich erhielt die kleine Stadt 1948 den Zuschlag für das Oberlandesgericht. Auch die Landesmuseen und das Landesarchiv zogen nach Schleswig um.

1. STADTSPAZIERGANG INNENSTADT KIEL

Der zentral gelegene **Kieler Hauptbahnhof** bietet sich als Startpunkt zum Spaziergang durch die Innenstadt an. Der nach dem Passagieraufkommen zweitgrößte Bahnhof Schleswig-Holsteins (nach Lübeck) ist ein sogenannter Kopfbahnhof und hat eine weit zurückreichende Geschichte. Bereits 1846 fuhren hier erste Züge, allerdings lag der zweigeschossige Bau einige hundert Meter weiter nördlich in Höhe der Post.

Hauptbahnhof

Der Bahnhof wurde jedoch schnell zu klein, spätestens seit Kiel mit der Reichsgründung zum Reichskriegshafen „befördert" worden war. Der Bau am heutigen Standort begann 1895, das alte Gebäude wurde kurz nach der Jahrhundertwende abgerissen. Auf der Ostseite des neuen Bahnhofs wurde die repräsentative Kaisertreppe angelegt, damit der Monarch auf direktem Weg seine kaiserliche Yacht erreichen konnte.

Sophienhof

Nach dem Zweiten Weltkrieg lag der Bahnhof in Trümmern, wurde jedoch schnell wiederaufgebaut. Die folgenden Jahrzehnte sahen zahlreiche bauliche Veränderungen – Ladengeschäfte eröffneten, Verbindungen zur Einkaufspassage Sophienhof auf der Westseite und zum CAP Erlebniszentrum mit Gastronomie und Freizeitangeboten auf der Ostseite kamen hinzu. Die Jahrtausendwende brachte ein erneutes Facelifting. Der Hauptbahnhof erhielt eine neue Empfangshalle, eine später eingezogene Zwischendecke wurde wieder herausgenommen, um die ursprüngliche Raumhöhe zu erreichen.

Gegenüber steht seit 1988 das Einkaufszentrum **Sophienhof** (Sophienblatt 20, www.sophienhof.de, Öffnungszeiten: Mo–Sa 10–20 Uhr) mit dem direkten Zugang zum Bahnhof. An dieser Stelle stand bereits vor dem Ersten Weltkrieg ein Gebäudeensemble gleichen Namens mit Büros, Wohnungen und Geschäften.

Der neue Sophienhof hat eine Fläche von rund 38.000 Quadratmetern, verteilt über zwei Ebenen. Rechnet man die Verkaufsflächen der mit dem Sophienhof verbundenen weiteren Passagen (Quer-Passage, Holstentörn, Karstadt) hinzu, kommt man auf etwa 70.000 Quadratmeter. Somit spielt man bei den Einkaufspassagen in Norddeutschland in der ersten Liga. 120 Geschäfte bieten den typischen

Branchenmix solcher Shoppingmalls, von Gastronomie über Bekleidung, Unterhaltungselektronik bis zu Schmuck, Schuhen und Büchern. Die Verkehrsanbindung ist exzellent, ist doch der Hauptbahnhof vis-à-vis, und viele Buslinien halten vor der Tür. Außerdem sind die Fähranleger nach Skandinavien in unmittelbarer Nachbarschaft und bringen auch zahlreiche Einkaufstouristen aus Nordeuropa in den Sophienhof.

Verlässt man den Sophienhof, ist es nicht weit bis zur **Holstenstraße**. Sie verläuft zwischen Altem Markt und der Kreuzung Am Ziegelteich. Hier betritt man einen Rekordhalter. Der obere Teil der Straße wurde bereits 1953 gegen den Widerstand der ansässigen Einzelhändler für den Verkehr gesperrt. Vier Jahre später folgte der untere Teil. Damit avancierte die Holstenstraße zur ersten Fußgängerzone in Deutschland. Heute ist sie die zentrale Einkaufsstraße in Kiel mit Kaufhäusern und Geschäften aller Art. Hier findet man neben den deutschlandweit bekannten Ketten auch immer noch das alteingesessene traditionelle inhabergeführte Fachgeschäft. Nach Ladenschluss leert sich die Einkaufsstraße zügig und ist spätabends nicht besonders belebt, da nur vereinzelte gastronomische Betriebe vorhanden sind.

Holstenstraße

Sparkassen-Arena

Von der Holstenstraße kann man einen kleinen Abstecher zur **Stadtgalerie** Kiel machen, die neben der Touristeninformation an der Andreas-Gayk-Straße liegt und 1988 gegründet wurde. Sie präsentiert überwiegend zeitgenössische Kunst, häufig aus Norddeutschland und dem Ostseeraum (Andreas-Gayk-Straße 31, 24103 Kiel, Tel. 0 43 19 01 34 00, www.kiel.de, Öffnungszeiten: Di/Mi/Fr 10–17 Uhr, Do 10–19 Uhr, Wochenende 11–17 Uhr).

Wer sehen möchte, wo das Kieler Sportlerherz höher schlägt, der geht nordwestlich der Holstenstraße Richtung Europaplatz. Dort steht die beeindruckende **Sparkassen-Arena**, deren gläserne Fassade in der Sonne glitzert (wenn sie denn scheint) und wo der THW seine Handball-Heimspiele austrägt. In die Mehrzweckhalle passen bei den Handballspielen gut 10.000 Zuschauer. Damit ist sie eine der größten Spielstätten in der Handball-Bundesliga. Bei Konzerten liegt die Kapazität gar bei 13.500 Plätzen (Europaplatz 1, 24103 Kiel, Tel. 04 31 98 21 02 26, www.sparkassen-arena-kiel.de). Ältere Kieler erinnern sich noch daran, dass die Halle früher mal Ostseehalle hieß.

Rathaus

Von der Arena sind es nur wenige Minuten bis zum **Rathaus** mit seinem markanten 106 Meter hohen Kupferturm, der weithin sichtbar ist. Auf 67 Meter Höhe befindet sich eine Aussichtsplattform, die man besteigen kann, entweder zu Fuß oder mit dem Aufzug. 1911 wurde das Gebäude nach vierjähriger Bauzeit eingeweiht, und Kaiser Wilhelm persönlich war angereist, um an der feierlichen Zeremonie teilzunehmen. Dieses Rathaus ersetzte das alte mittelalterliche Rathaus am Alten Markt, das für die wachsende Stadt zu klein geworden war. Das alte Rathaus wurde im Zweiten Weltkrieg völlig zerstört. Auch dieses Rathaus im Jugendstil wurde im Krieg erheblich beschädigt, jedoch bis 1953 wiederaufgebaut.

Vom Rathausbalkon wird in jedem Jahr die Kieler Woche eröffnet, und hier standen auch schon häufig die siegreichen Männer des THW Kiel, um gemeinsam mit ihren zahlreichen Fans Meisterschaften und Pokale zu feiern (Rathausführungen unter: Tel. 0 43 16 79 10 13).

Rathaus

Von April bis September findet an jedem ersten Sonntag im Monat auf dem Rathausplatz ein großer Flohmarkt statt. Zwei bemerkenswerte Objekte finden sich auf dem Rathausplatz: Zum einen eine vier Meter hohe Glassäule, die **Feuersäule Vortex**. Der amerikanische Künstler Gary Rieveschl entwarf die Plastik 1972 anlässlich der Olympischen Spiele in Kiel. Zwar brannte damals die eigentliche olympische Flamme in Schilksee im Segelhafen, doch die Idee war, die Feuersäule vor dem Rathaus in die Innenstadt symbolisch zu übertragen. Seitdem brannte die Feuersäule nur zu besonderen Anlässen – zu den jeweiligen Olympischen Spielen und während der Kieler Woche. 2016 gab die Anlage ihren olympischen Geist auf. 2018 wurde sie technisch überarbeitet und funktioniert wieder.

Schwertträger

Der zweite Hingucker ist die 1912 von dem Bildhauer Adolf Brütt erschaffene drei Meter hohe Bronzeskulptur eines **Schwertträgers**, der wie eine mittelalterliche Rolandsfigur daherkommt. Brütt hat auch das Denkmal von Kaiser Wilhelm I. im Schlossgarten geschaffen. Der fast nackte junge Mann mit dem Schwert in der rechten Hand gehörte ursprünglich zu einem Ensemble mit Brunnen. Dieser wurde jedoch im Krieg zerstört.

Neben dem Rathaus steht die **Oper**. Der Berliner Architekt Heinrich Seeling wurde 1902 mit dem Bau eines Stadttheaters vom Kieler Magistrat beauftragt. 1907 war der Backsteinbau fertig. Im Zweiten Weltkrieg zerstört,

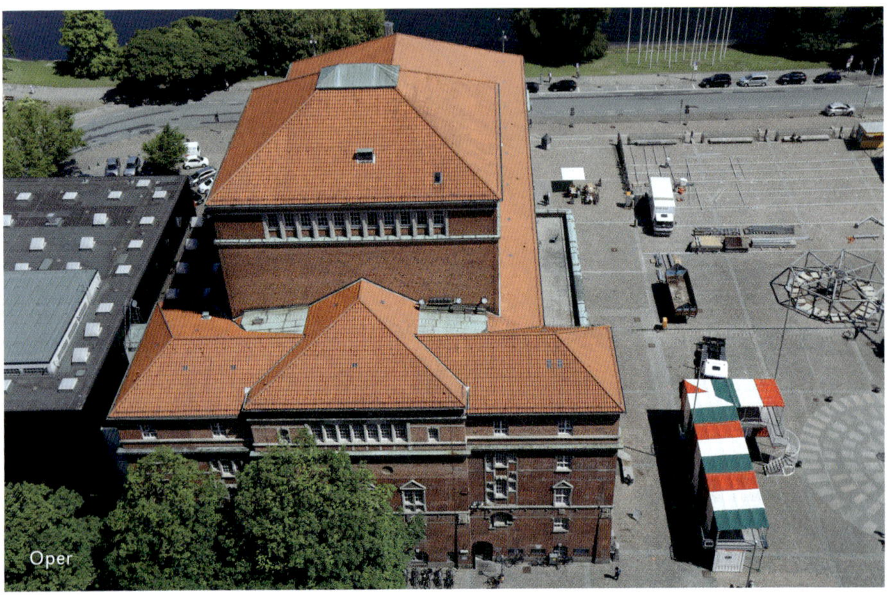

Oper

begann 1950 der Wiederaufbau. Die Eröffnung am 21. Juni 1953 fand anlässlich der Kieler Woche statt und sah eine Aufführung der einzigen Beethoven-Oper „Fidelio" auf dem Spielplan. Der Haupteingang wird von zwei weiblichen Skulpturen eingerahmt. Die rechte mit einer Harfe, die linke mit einem Buch. Das symbolisiert, was hinter den Türen dargeboten wird: Musik und Schauspiel, wobei der musikalische Teil inzwischen dominiert (Rathausplatz 4, 24103 Kiel, Tel. 04 31 90 19 01, www.theater-kiel.de).

Hiroshimapark

Unweit der Oper liegt der **Hiroshimapark** direkt am Kleinen Kiel. Er entstand Anfang des 20. Jahrhunderts, als ein Teil des Kleinen Kiels trockengelegt und aufgeschüttet wurde, um den Bewohnern eine neue Grünanlage zu verschaffen. Ursprünglich hieß er Bismarckanlage, wovon noch heute das Denkmal des „Eisernen Kanzlers" kündet. 1987 wurde der Park zu Ehren der Opfer des Atombombenabwurfs auf die japanische Stadt am 6. August 1945 in „Hiroshimapark" umbenannt. Ebenfalls im Park steht die Brunneninstallation „Changing Invisibility" des dänischen Bildhauers Jeppe Hein, der in Berlin lebt.

Blick über den Kleinen Kiel zum Justizministerium

An den Park grenzt der **Kleine Kiel**, ein übersichtliches und flaches Binnengewässer, das durch eine Brücke (Emil-Lueken-Brücke / Martensdamm) in ungefähr zwei große Hälften geteilt ist. Wo ein Kleiner Kiel ist, muss es folgerichtig auch einen großen geben. Und das ist die Kieler Förde in Form eines Keils, denn „Kiel" ist lautmalerisch eine Abwandlung von „Keil". Bis Mitte des 19. Jahrhunderts gab es tatsächlich eine direkte Wasserverbindung zwischen dem Kleinen Kiel und der Förde. Sie wurde jedoch durch einen Damm unterbrochen. Die Wasserverbindung existiert immer noch, jedoch unterirdisch durch ein Rohrsystem.

Alter Markt

Vom Kleinen Kiel schlendert man in wenigen Minuten zum **Alten Markt**, der am nördlichen Ende der Holstenstraße liegt. Hier steht die Nikolaikirche, das älteste Gebäude Kiels (siehe S.32). Im Mittelalter verkauften Händler Lebensmittel, Blumen und allerlei andere Waren.

An die alten Traditionen anknüpfend ist auch heute einmal in der Woche wieder Markttag (donnerstags). Im frühen 17. Jahrhundert wurde der Platz grundlegend umgestaltet. Herzog Friedrich III. von Schleswig-Holstein-Gottorf wollte Kiel als Handelsmetropole ausbauen. Zu diesem Zweck ließ er 1632 bis 1638 die sogenannten

Persianischen Häuser vor der Nikolaikirche errichten. Hier sollten via Russland und die Ostsee persische Waren, vor allem Seide, an die Förde transportiert und in eben diesen Packhäusern zwischengelagert werden, bevor sie über die Nordsee verschifft und weiterverkauft werden sollten.
Nur: Die Delegation, die in den Nahen Osten geschickt wurde, konnte keine Handelsverträge abschließen. Notgedrungen wurden die Lagerhäuser zu Wohnhäusern umgebaut. Sie wurden bei einem Bombenangriff 1944 zerstört.

Brauerei

Kaffeerösterei Paul Heyck

Am Alten Markt haben sich mittlerweile überwiegend gastronomische Betriebe angesiedelt, darunter die urige **Kieler Brauerei** mit deftigen Speisen und leckerem selbst gebrautem Bier (siehe S.128). Unter der Nummer 11 firmiert ein besonders traditionsreiches Haus am Markt: Die **Hof Apotheke** von anno 1642. Vertragsunterzeichner waren damals Herzog Friedrich III. und der Apotheker Melchior Bereiter. 70 Jahre später wurde das Haus vom Lübecker Bischof in den Rang einer Hofapotheke erhoben. Seit 1827 betreibt die Familie Rüdel die Apotheke, in deren Besitz sie auch heute noch in der sechsten Generation ist.

Die **St. Nikolaikirche**, nach den Schutzheiligen der Schiffer und Kaufleute benannt, ist die evangelische Hauptkirche. Ihr Bau wurde kurz nach der Stadtgründung 1242 in Auftrag gegeben. Die gotische Backsteinhallenkirche mit dreischiffigem Langhaus wurde Mitte des 14. Jahrhunderts fertiggestellt. Eine neugotische Umge-

St. Nikolaikirche

staltung erfuhr das Gotteshaus Ende des 19. Jahrhunderts. Das reichte von der Fassadenerneuerung und ging bis zum Abriss der alten Begräbniskapellen aus dem 17. Jahrhundert. Im Zweiten Weltkrieg wurde St. Nikolai bei einem Luftangriff schwer getroffen. Gott sei Dank war die wertvolle Innenausstattung zuvor bereits in die Klosterkirche in Bordesholm ausgelagert worden. Der Wiederaufbau begann 1950 in schlichter Form. So wurden die alten Gewölbe nicht wieder aufgebaut, und die drei Schiffe erhielten ein gemeinsames Satteldach.

Im Inneren zählt das **Taufbecken** am Eingang zu den großen Kirchenschätzen. Es stammt aus dem Jahr 1344 und wurde von dem Bildhauer und Erzgießer Johann Apengeter erschaffen. Das Becken wird von vier Löwen getragen. Die Reliefs zeigen Ereignisse aus dem Leben Jesu und den Heiligen Nikolaus als Bischof. Die Messingschale ist aus dem 16. Jahrhundert, der hölzerne Deckel stammt von 1674.

Die **Barockkanzel** von 1705 zeigt im Kanzelträger eine Moses-Skulptur mit den Tafeln der Zehn Gebote. Auf dem Kanzeldeckel befindet sich eine Darstellung den auferstandenen Christus mit Siegesfahne und Engeln.

Vor dem Altarraum hängt das imposante **Triumphkreuz** von 1490. Es diente ursprünglich der Abgrenzung des Altarraums von der Gemeinde und wurde vermutlich von einem unbekannten Meister in Lübeck erschaffen.

Der goldene **Flügelaltar** von 1460 entstammt der Werkstatt eines unbekannten Meisters. Das Kunstwerk befand sich zunächst im Franziskanerkloster und gelangte erst 1541 an seinen heutigen Standort, nachdem das Kloster aufgelöst worden war. Er zeigt auf der Festtagsseite Szenen aus der Passions- und Ostergeschichte und aus dem Marienleben, auf der Passionsseite Geschichten aus dem Alten Testament.

Links vor dem Altar hängt ein besonderes Kreuz. Es besteht aus Nägeln der Kathedrale von Coventry, die bei deutschen Luftangriffen im November 1940 zerstört wurde. Als Geste der Versöhnung initiierte der anglikanische Dompropst von Coventry, Bill Williams, ein internationales Netzwerk von Nagelkreuzzentren, um den Gedanken der Versöhnungs- und Friedensarbeit weltweit voranzutreiben. Zahlreiche deutsche Kirchengemeinden sind in dieser Bewegung aktiv. St. Nikolai in Kiel besitzt das älteste **Cross of Nails** in Deutschland (verliehen 1947). Es gibt einen weiteren kleinen Flügelaltar in St. Nikolai. Er steht in der neugotischen Nebenkapelle und zeigt die Taufe Christi.

Vor der Kirche steht die beeindruckende Plastik des Bildhauers Ernst Barlach. Ein Engel mit erhobenem Schwert thront auf einem Raubtier, das auf einem Sockel steht. **Geistkämpfer** heißt das Kunstwerk von 1928 und symbolisiert den Sieg des Geistes über das ewig Böse. Die Nazis erklärten die Plastik zur entarteten Kunst und entfernten sie 1937. Das Werk wurde von einem befreundeten Künstler Ernst Barlachs versteckt und konnte so vor der Zerstörung gerettet werden. Seit 1954 steht der „Geistkämpfer" vor der Nikolaikirche (Alter Markt, 24103 Kiel,

Dänische Straße

Warleberger Hof

Tel. 0 43 19 50 98, www.st-nikolai-kiel.de, Öffnungszeiten: tgl. 10–18 Uhr).

An der **Dänischen Straße**, die einen Einkaufsbummel lohnt, da hier noch eine Reihe von inhabergeführten und alteingesessenen Geschäften überlebt haben, befindet sich das **Stadtmuseum im Warleberger Hof**. Der denkmalgeschützte Backsteinbau ist das einzige erhaltene Adelspalais Kiels, von denen es im 17. Jahrhundert noch gut 70 gab. Erbauer war 1616 Christoph Martens, der Amtsschreiber Herzog Friedrichs III. von Schleswig-Holstein-Gottorf, nachdem der Herzog ihm das Grundstück geschenkt hatte. Ein angenehmer Nebeneffekt für den neuen Hausbesitzer waren einige Privilegien, die an das Grundstück geknüpft waren: So durfte der Hausherr sein Gebäude an die Wasserleitung des Schlosses anschließen. Daneben hatte er das Braurecht. Im Laufe der Jahrhunderte sah das stattliche Haus wechselnde Eigentümer, u. a. Henning von Thienen auf Warleberg, der dem Palais seinen Namen gab, und Henning Bendix von Rumohr, der das Haus 1765 mit großem Aufwand umbauen ließ. So verlegte er den repräsentativen Eingang mit der Eichentür an die Dänische Straße.

Seit Mitte des 19. Jahrhunderts war der Warleberger Hof Bestandteil der Kieler Universität. Die Anatomie nutzte den kühlen Gewölbekeller, um ihre Präparate zu lagern. 1909 wurde die Dänische Straße verbreitert, um Platz für die Straßenbahn zu schaffen. Der Warleberger Hof musste „abspecken" und wurde rund fünf Meter verkleinert. 1967 kaufte die Stadt der Universität das Gebäude ab. Drei Jahre später eröffnete das Stadtmuseum. Das historische Kellergewölbe blieb bei den Umbauarbeiten erhalten. Das Museum zeigt auf zwei Etagen wechselnde Ausstellungen zur Stadt- und Kulturgeschichte (Dänische Str. 19, 24103 Kiel, Tel. 0 43 19 01 34 25, www.kiel.de, Öffnungszeiten: Di–So 10–18 Uhr, Do bis 20 Uhr).

Das **Kieler Kloster** an der Falckstraße geht auf den Grafen Adolf IV. von Schauenburg zurück. Der hatte das Kloster 1232 dem Franziskanerorden gestiftet. Unweit der Anlage steht eine bemerkenswerte Statue des Bildhauers Karl-Henning Seemann, die den radikalen Entschluss des Grafen symbolisiert, sein Leben von Grund auf zu ändern. Und das hatte sehr viel mit dem Kloster zu tun. Es zeigt den Adligen, wie er dabei ist, die Mönchskutte gegen die Ritterrüstung zu tauschen. All das hat einen ganz realen Hintergrund: Als Graf Adolf mit seinen norddeutschen Verbündeten am 22. Juli 1227 gegen den dänischen König Waldemar II. in die Schlacht bei Bornhöved zog, sah es bald nach einer Niederlage aus. Da soll der Graf geschworen haben, ins Kloster zu gehen, wenn diese Schlacht noch gewonnen würde. Das Unerwartete geschah: Aus der drohenden Niederlage wurde ein Sieg. Auch wenn noch einige Jahre ins Land zogen: Graf Adolf hielt sein Versprechen und trat 1246 in das Kloster ein, das er selbst gegründet hatte. Er lebte fortan als Mönch bis zu seinem Tod 1261. Sein Grabstein befindet sich heute im Kreuzgang.

In der Reformationszeit wurde das Kloster 1530 aufgelöst, später zum Armen- und Pflegeheim. 1665 wurde das Kloster zur Keimzelle der Christian-Albrechts-Universität. Nach dem Wiederaufbau von Teilen der Anlage Anfang der 50er-Jahre entstand das Theologische Studienhaus Kieler Kloster, das heute als Wohnraum für Theologiestudenten sowie für Veranstaltungen genutzt wird.

Der **Ratsdienergarten** ist eine Grünanlage gegenüber dem Kleinen Kiel. Der Name geht zurück auf die Ratsdiener des Rathauses, die in früheren Zeiten hier private Gärten betreiben durften. Hier stehen mehrere bemerkenswerte Skulpturen, seit 1982 die Installation „WIK" von Hans -Jürgen Breuste, die an den Kieler Matrosenaufstand von 1918 erinnert. Die Granit-Stahl-Skulptur ist um die sechs Meter hoch. Die drei Elemente bieten Raum für unterschiedliche Assoziationen, etwa Kanonenrohre oder rostige Schiffswände, die durchbrochen werden.

In der Nähe des Lorentzendamms steht das Denkmal für Klaus Groth. Der neben Fritz Reuter bekannteste Dichter niederdeutscher Sprache unterrichtete auch an der Universität in Kiel. Anlässlich des 350. Geburtstags der Christian-Albrechts-Universität beauftragten Mitglieder des Kieler Rotary Clubs den in Hamburg geborenen Bildhauer Jörg Plickat, sechs Büsten von Kieler Nobelpreisträgern zu schaffen, darunter Max Planck und Theodor Mommsen. In der „Allee der Nobelpreisträger" ruhen die Büsten auf Granitsockeln. Hinweistafeln erklären in wenigen Sätzen die Tragweite ihrer großen Ideen.

An den Ratsdienergarten grenzt das **Kieler Schloss**, das jedoch architektonisch keinem klassischen Herrschersitz entspricht. Die Anlage geht auf das Jahr 1230 zurück, als der Stadtgründer Graf Adolf IV. von Schauenburg unmittelbar am Fördeufer eine Burg errichten ließ. Diese wurde um 1502 auf Veranlassung von Herzog Friedrich geschleift, um Platz zu schaffen für einen repräsentativen Neubau. 1558 errichtete Friedrichs Sohn Adolf ein zweites Gebäude nebenan mit zwei Türmen, Erkern und reicher Verzierung.

1695 entstand ein weiterer Neubau durch den Baumeister Domenico Pelli, der einen Teil des Gebäudes ersetzte, der zuvor eingestürzt war. 1763 ließ Zarin Katharina die Große, die aus dem Haus Gottorf stammte, das Haupthaus grundlegend restaurieren. Von 1888 bis 1918 war das Schloss Wohnsitz des preußischen Prinzen Heinrich, dem Bruder Kaiser Wilhelms II. Er war Inspekteur der Marine und Großadmiral und war in der Bevölkerung äußerst populär.

Bei einem schweren Bombenangriff im Januar 1944 brannte das Kieler Schloss vollständig aus. Das Jahr 1957 sah einen nationalen Architekturwettbewerb zur Neugestaltung der Anlage, den das Hamburger Architekturbüro Sprotte & Neve für sich entschied. Als Ergebnis wurde der Westflügel des Baus von Domenico Pelli saniert und die weiteren Gebäude abgerissen. Im Sommer 1965 wurde das neue Kieler Schloss eingeweiht. Heute präsentiert sich das Haus als Ziegelbau mit Turm und dient als Konzert- und Theaterspielstätte (Dänische Str. 44, 24103 Kiel, Tel. 04 31 99 07 10, www.kielerschloss.de).

Der **Schlossgarten** grenzt nördlich an das Kieler Schloss. Er ist mit seinen 300 Metern Länge und 100 Metern Breite eher bescheiden ausgefallen und wurde ursprünglich als kleiner Renaissancegarten ausgelegt, nachdem Adolf I. ihn 1558 ausgebaut hatte. Herzogin Friederike Amalie von Schleswig-Holstein-Gottorf ließ

Standbild Wilhelm I

den Garten 1695 zu einem prachtvollen Barockgarten ausbauen. Immer wieder war das Areal gartenbaulich eine Art Experimentierfeld. Im 19. Jahrhundert erhielt der Hofgarteninspektor des Plöner Schlosses den Auftrag, den Garten in einen englischen Landschaftsgarten umzuwandeln, mit geschwungenen Wegen und aufgelockerter Bepflanzung.

Zwei wichtige Denkmäler stehen heute im Schlossgarten: mitten im Park das beeindruckende **Reiterstandbild von Kaiser Wilhelm I.**, dem Großvater Wilhelms II. Am 24. November 1896 wurde das Denkmal des Bildhauers Adolf Brütt eingeweiht. Ehrengast war Kaiser Wilhelm II. Die Kieler wollten mit diesem Denkmal ihrer Bewunderung für den Befreier Schleswig-Holsteins von dänischer Fremdherrschaft Ausdruck verleihen. Den Sockel zieren zwei bedeutsame Ereignisse der Geschichte Schleswig-Holsteins. Zum einen die Grundsteinlegung des Kaiser-Wilhelm-Kanals, heute besser bekannt als Nord-Ostsee-Kanal, und zum anderen die Versenkung eines dänischen Kriegsschiffes vor Eckernförde – ein wichtiger Sieg im Kampf gegen Dänemark 1849.

Das zweite wichtige Monument im Park ist das **Kriegerdenkmal**, das 1879 eingeweiht wurde und an die Mobilmachung im Deutsch-Französischen Krieg 1871 erinnert. Gezeigt wird ein figürliches Ensemble von Menschen, die begeistert zu den Fahnen eilen und sich von ihren Angehörigen verabschieden. Eine Gedenktafel listet die Kieler Einwohner auf, die in diesem Krieg getötet wurden.

Zoologisches Museum im Kieler Schloßgarten

An der Hegewischstraße steht der auffällige Bau des **Zoologischen Museums**. Es gehört zur Universität und ist von Walter Gropius in Zusammenarbeit mit dem Zoologen Karl-August Möbius konzipiert worden. 1881 eröffnet, gehört das Gebäude zu den wenigen weitgehend im Originalzustand verbliebenen Gropius-Bauten. Im Zentrum des Museums befindet sich die lichtdurchflutete Halle, die durch das Tageslicht des Glasdachs erhellt und von zwei umlaufenden Galerien eingerahmt wird. Die wissenschaftlichen Sammlungen umfassen etwa 400.000 Objekte aus drei Jahrhunderten. Viele Objekte wurden durch wichtige Expeditionen im 19. Jahrhundert zusammengetragen. Dazu zählen die deutsche Tiefsee-Expedition 1898 und die Galathea-Expedition von 1845 bis 1847, bei der ein dänisches Forschungsschiff die Welt umrundete.

Den Besucher erwartet ein breites Spektrum an Dauerausstellungen. So sind Präparate längst ausgestorbener Tiere zu sehen oder die mit zwölf Originalskeletten artenreichste Walausstellung in Deutschland, zu der ein gewaltiger Pottwal zählt. Eine weitere Schau beschäftigt sich mit einem der geheimnisvollsten Orte auf unserem Planeten – der Tiefsee, deren tiefste Spalten am pazifischen Marianengraben mit 11.000 Metern den höchsten Berg, den Mount Everest, locker aufnehmen könnten. Ein Höhepunkt der Sammlung ist ein drei Meter großer Riesenkalmar (Hegewischstr. 3, 24105 Kiel, Tel. 0 43 18 80 51 70, www.zoologisches-museum.uni-kiel.de, Öffnungszeiten: Di–Fr 9–17 Uhr, Sa 10–17, So 12–16 Uhr).

Kunsthalle

Nur wenige Schritte sind es bis zur **Kunsthalle** am Düsternbrooker Weg. Auch sie gehört zur Christian-Albrechts-Universität. Mit etwa 2.000 Quadratmeter Ausstellungsfläche ist es das größte Museum der Landeshauptstadt. Die Mäzenin Lotte Hegewisch vermachte der Universität 1903 das Grundstück mit der Maßgabe, dort ein Kunstmuseum zu bauen. Sechs Jahre später wurde das Haus feierlich eröffnet. Das Museum ist Heimstatt für die Sammlung des Schleswig-Holsteinischen Kunstvereins. Gezeigt werden Gemälde, Skulpturen, Foto- und Videoarbeiten sowie Objektkunst. Die Sammlung umfasst gut 1.200 Gemälde, 40.000 grafische Werke vom frühen 16. Jahrhundert bis in die Gegenwart und 300 Skulpturen, darunter Arbeiten von Ernst Barlach, Auguste Rodin und Wilhelm

Lehmbruck. Einige Außenskulpturen stehen im Park auf der Südseite der Kunsthalle, u. a. Werke des Dänen Per Kirkeby. In der Malerei liegt das Augenmerk auf der Zeit des späten 18. Jahrhunderts bis zur Klassischen Moderne. Max Liebermann, Lovis Corinth, Max Slevogt, Franz Radziwill, aber auch bedeutende Gegenwartskünstler wie Gerhard Richter, Markus Lüpertz, Georg Baselitz und Neo Rauch sind vertreten. 1986 erhielt die Kunsthalle einen Erweiterungsbau (Düsternbrooker Weg 1, 24105 Kiel, Tel. 0 43 18 80 57 56, www.kunsthalle-kiel.de, Öffnungszeiten: Di–So 10–18 Uhr, Mi 10–20 Uhr).

Der **Alte Botanische Garten** wurde 1884 eröffnet, war jedoch nicht der erste seiner Art in Kiel. Bereits 1669 gab es einen im Schlossgarten, dem im Laufe der Zeit noch zwei weitere an anderen Orten in der Stadt folgten. In seiner ursprünglichen Form war der Alte Botanische Garten als englischer Landschaftsgarten konzipiert und unter geobotanischen Gesichtspunkten angeordnet. Dabei erforscht die Geobotanik die Bedeutung des Raums auf die Vegetation. Das Gelände umfasst etwa 2,5 Hektar mit leichten Bodenerhebungen. Die Bäume, die im Park wachsen, sind teilweise recht alt. Zu ihnen zählen einer der größten Gingkobäume in Norddeutschland und auch zwei Urweltmammutbäume.

Pavillon im Alten Botanischen Garten

Zwei Bauwerke sind von besonderem Interesse: Der **Pavillon** mit seiner schmiedeeisernen Krone und das hübsche **Literaturhaus** aus Fachwerk, in dem in früheren Zeiten der Garteninspektor wohnte. Der Pavillon, ein achteckiger Backsteinbau, dient als Aussichtsturm. Von dort blickt man auf den Botanischen Garten und die Förde. Im Gebäude klärt eine Ausstellung über die Geschichte der Botanischen Gärten in Kiel auf (Schwanenweg 14, 24105 Kiel, Tel. 04 31 56 82 86, www.alter-botanischer-garten-kiel.de).

Der Alte Botanische Garten lädt zum Verweilen ein

SPECIAL

BERÜHMTE KIELER

Wir kennen sie aus Film und Fernsehen, aus Wissenschaft und Politik oder aus den Geschichtsbüchern: Auch die Stadt an der Förde hat eine ganze Reihe von Persönlichkeiten hervorgebracht, die auf ihrem jeweiligen Gebiet besondere Leistungen gezeigt haben.

So kam **Peter III.**, der spätere russische Zar, am 21. Februar 1728 als Karl Peter Ulrich von Schleswig-Holstein-Gottorf in Kiel zur Welt und saß für sechs Monate 1761/62 auf dem russischen Zarenthron. Er war der Ehemann der späteren Zarin Katharina die Große, die ebenfalls aus Deutschland stammte.

Auch **Max Planck** erblickte das Licht der Welt in Kiel. Der Ehrenbürger der Stadt (1947) erhielt 1918 den Physiknobelpreis für seine bahnbrechenden Arbeiten zur Quantenphysik. Er lehrte 1885–89 an der Kieler Universität, bevor er nach Berlin berufen wurde. Planck starb mit 89 Jahren in

Göttingen. Er war Namensgeber für die Max-Planck-Institute, die es heute in zahlreichen deutschen Städten gibt und die einen hervorragenden Ruf genießen.

Carl Friedrich von Weizsäcker, der Physiker und Philosoph wurde 1912 in der Fördestadt geboren und starb 2007 am Starnberger See. Er war der ältere Bruder des ehemaligen Bundespräsidenten Richard von Weizsäcker.

Axel Milberg. Der Schauspieler wurde 1956 geboren und gilt als einer der renommiertesten Mimen im deutschsprachigen Raum. Milberg lebt seit Langem in München, kehrt aber regelmäßig nach Kiel zurück, da er seit vielen Jahren den Tatort-Kommissar Borowski verkörpert.

Bernhard Minetti wurde 1905 in Kiel geboren und starb 1998 in Berlin. Er war einer der beeindruckendsten Theaterschauspieler Deutschlands und arbeitete mit großen Regisseuren wie Gustaf Gründgens, Claus Peymann und Heiner Müller.

Hans Söhnker (1903 in Kiel geboren, 1981 in Berlin gestorben) hatte bereits eine beeindruckende Theaterkarriere hinter sich, als er in den 30er-Jahren zum Ufa-Star avancierte und in Klassikern wie „Große Freiheit Nr. 7“ mitwirkte. In den 60er-Jahren wurde er zu einem der ersten TV-Serienstars, als er in „Der Forellenhof“ und „Salto Mortale“ spielte. Während der Nazizeit versteckte er immer wieder Juden vor der Gestapo und wurde dafür 2018 postum mit dem hohen israelischen Ehrentitel „Gerechter unter den Völkern“ ausgezeichnet.

Heinz Reincke (1925–2011 in der Nähe von Wien) wurde 1955 Ensemblemitglied am Deutschen Schauspielhaus in Hamburg und spielte unter Gustaf Gründgens zahlreiche bedeutende Charakterrollen. Später wurde er Burgschauspieler in Wien. Er wirkte in vielen Kino- und TV-Produktionen mit, darunter „Nasser Asphalt“ und „Das fliegende Klassenzimmer“. Mit seiner markanten Stimme war er auch ein gefragter Synchronsprecher (u. a. die deutsche Stimme von Marlon Brando und James Coburn).

Gerhard Stoltenberg (1928–2001 in Bonn) war ein bedeutender Politiker der Bundesrepublik Deutschland. Als CDU-Mitglied war er von 1965–69 Bundesforschungsminister, von 1971–82 Ministerpräsident von Schleswig-Holstein, unter Bundeskanzler Kohl Finanz- und Verteidigungsminister (1982–89, 1989–92).

2. STADTSPAZIERGANG FÖRDEUFER

Hinter dem Hauptbahnhof verbindet eine architektonisch interessante Brücke die Hörn, wie die schmale südlichste Spitze der Förde genannt wird. Die **Hörnbrücke** wurde 1997 eröffnet und ist eine Faltbrücke für Fußgänger und Radfahrer. Sie verbindet die City mit dem Stadtteil Gaarden-Ost sowie dem Germaniahafen

Hörnbrücke

Germaniahafen

und dem Norwegenkai. Bis zu zwölfmal täglich wird sie zusammengeklappt, um Schiffe durchzulassen. Die Stahlkonstruktion ist gut 25 Meter lang und aufgrund ihrer besonderen Architektur ein beliebtes Fotomotiv bei Touristen. Zu Beginn gab es häufiger technische Probleme, weshalb der Volksmund schnell einen Spitznamen parat hatte: die „Klappt-nix-Brücke". Gleich nebenan liegt noch eine Schubbrücke, die hydraulisch funktioniert und immer dann zum Einsatz kommt, wenn die Hörnbrücke gewartet wird. Unweit der Brücke befindet sich auch die Anlegestelle Bahnhofsbrücke für die Fördeschiffe, die Touristenfahrten anbieten.

Überquert man die Hörnbrücke, gelangt man zum **Germaniahafen**, in dem eine Reihe von Traditionsschiffen liegt. Das 130 Meter lange Becken ist auch unter dem Namen Museumshafen bekannt. Zu den historischen Schiffen zählen etwa der britische Austernfischer „MILDRED" und die 1896 in Kiel gebaute „SAMPO". In der Nähe, am Ernst-Busch-Platz, steht eine auffallende **Skulptur**. Sie heißt **Adam und Eva** und stammt von dem dänischen Bildhauer Bjørn Nørgaard. Sie ragt elf Meter in die Höhe und ruht auf einem drei Meter hohen Sockel, der aus bunten Fliesen besteht. Sie zeigt eine Doppelfigur aus Granit, die halb weiblich und halb männlich ist. Umschlungen ist sie von einem bronzenen Netz.

Etwas nördlich des Germaniahafens liegt der **Norwegenkai**, wo die Oslofähren ankommen und abfahren. Das gläserne Terminal wurde 1997 eröffnet und ist Teil der sogenannten Kai-City Kiel. Hier, auf einem ehemaligen Industriegelände, soll ein modernes Quartier mit Wohn- und Geschäftshäusern entstehen, eine Art Mini-Hafencity. Ein erstes sichtbares Projekt ist das Hochhauscenter am Germaniahafen mit Büros und Wohnungen. Vom Norwegenkai bedient die Reederei Color Line die tägliche Verbindung zwischen Kiel und Oslo mit den beiden Fährschiffen COLOR FANTASY und COLOR MAGIC. Während der Sommermonate dient das Terminal auch als Liegeplatz für Kreuzfahrtschiffe. Am Rand der Kai-City Kiel liegt auch die **Halle 400**, eine ehemalige Werkshalle der HDW, die heute als kulturelles Veranstaltungszentrum genutzt wird (An der Halle 400 Nr. 1, Tel. 04 31 36 40 00, www.halle400-kiel.de),

Auf der Innenstadtseite von Kiel liegt der Schwedenkai mit seiner futuristischen Architektur, die an ein Schiff erinnert. Von hier befährt die schwedische Reederei Stena Line täglich die Strecke Kiel – Göteborg. Auch dieses Terminal kann Kreuzfahrtschiffe abfertigen. Die Kailänge beträgt nach der baulichen Erweiterung mehr als 700 Meter.

Hörn

Schifffahrtsmuseum

Ein knapper Kilometer nördlich steht – natürlich an der Wasserkante – ein Museum, das sich mit der maritimen Vergangenheit der Stadt beschäftigt. In einer ehemaligen Fischhalle sitzt das **Schifffahrtsmuseum**. Das auffällige Gebäude am Sartorikai, das an eine überdimensionale Scheune erinnert, wurde 1909 erbaut und 1978 als Museum eröffnet. Die Fischhalle wurde damals errichtet, um den Fischhandel an einem Ort zu konzentrieren. Innen standen zwei große Wasserbecken für die Frischfische. Die Fischer gruppierten ihre Verkaufsstände um diese herum. Nach dem Zweiten Weltkrieg zog der Fischmarkt um, und die Halle verlor ihre Bedeutung. Nachdem das Gebäude viele

Jahre leer stand, beschloss man in den 60er-Jahren den Abriss. Das wurde jedoch verhindert. Stattdessen wurde die Halle 1972 unter Denkmalschutz gestellt. Sechs Jahre später zog das Schifffahrtsmuseum ein. Nach einer grundlegenden Sanierung in den vergangenen Jahren präsentiert sich das Haus nun in neuem Glanz. In der Dauerausstellung werden u. a. die Fischereigeschichte, der Nord-Ostsee-Kanal, Kiel als Stadt des Segelsports, der Werften und der Marine thematisiert (Wall 65, 24103 Kiel, Tel. 0431-90 13 42 8, www.kiel.de, Öffnungszeiten: Di–So 10-18 Uhr, Do bis 20 Uhr).

Vor dem Haus liegen drei besondere Schiffe an der **Museumsbrücke**: Der Seenotrettungskreuzer HINDENBURG von 1944 war viele Jahre für die „Deutsche Gesellschaft zur Rettung Schiffbrüchiger" in Nord- und Ostsee im Einsatz. Die Mayer Werft in Papenburg kennt man gemeinhin als Spezialwerft für Kreuzfahrtschiffe, doch auch der Tonnenleger BUSSARD ist dort mal gebaut worden. Für alle „Landratten": Ein Tonnenleger ist ein Spezialschiff, das zum Auslegen und Einholen von Schifffahrtszeichen, die z. B. Fahrrinnen markieren, eingesetzt wird. Das dritte historische Schiff ist die KIEL, ein Feuerlöschboot aus den 40er-Jahren, das bis in die 80er-Jahre im Dienst war.

Museumsbrücke

Kiel, an der Kiellinie

Auf Höhe des Schlossgartens liegt das **Cruise Terminal Ostseekai**. Es verfügt über zwei Liegeplätze für Passagierschiffe. Früher hieß dieser Kai Oslokai, weil hier die Fähren von und nach Oslo anlegten. Er war 1961 der erste größere Fährhafen der Stadt. Doch als die Schiffe größer wurden, wurde dieser Kai zu klein. Die Fährverbindung nach Norwegen wechselte ans andere Ufer (Norwegen-Terminal), und der alte Oslokai wurde zu einem Kreuzfahrtterminal umgebaut. Das gläserne Terminalgebäude verfügt über eine Fläche von 40.000 Quadratmeter. Von 2019 an wird nun ein zweites Abfertigungsgebäude für Kreuzfahrtpassagiere gebaut, denn der weltweite Kreuzfahrt-Boom ist ungebrochen.

Etwa auf der Höhe des Schlossgartens beginnt die **Kiellinie**, mit gut vier Kilometern Deutschlands längste Seepromenade. Sie zieht sich an der Förde entlang nach Norden, bis sie etwa auf der Höhe des GORCH-FOCK-Liegeplatzes auf dem letzten Abschnitt stadteinwärts verläuft. Die Promenade eignet sich wunderbar, um sich eine kleine Auszeit vom hektischen Alltag zu gönnen und einen Gang zurückzuschalten. Vor allem im Sommer erwacht hier das (fast) mediterrane Lebensgefühl, wenn sich Flaneure, Jogger und Cafébesucher treffen, um die frische

Meeresbrise zu genießen und auf die riesigen Pötte zu schauen, die sich auf große Fahrt begeben oder von irgendwoher zurückkommen. Während der Kieler Woche ist die Kiellinie einer der Hotspots des Geschehens.

Auf Höhe des Alten Botanischen Gartens liegt das **Aquarium GEOMAR**. Es vermittelt dem Besucher einen Eindruck von der Vielfältigkeit des maritimen Lebens. In 15 Schaubecken, die 500 bis 14.000 Liter fassen, tummelt sich so manches. Einige Becken zeigen den heimischen Lebensraum der Ostsee. So sieht man einen Heringsschwarm, der aus Hunderten von Fischen besteht und sich in seiner typischen exakt festgelegten Schwarmstruktur durchs Wasser bewegt. In anderen Aquarien werden die Nordsee und tropische Gewässer thematisiert. Im Außengehege tummeln sich die Seehunde, die – kaum verwunderlich – besonders viele Schaulustige anziehen. Das Aquarium ist Teil des GEOMAR Helmholtz-Zentrums für Ozeanforschung und gehört zu den führenden Einrichtungen dieser Art auf der Welt (Düsternbrooker Weg 20, 24105 Kiel, Tel. 0 43 16 00 16 37, www.aquarium-geomar.de, Öffnungszeiten: täglich 9-18 Uhr).

Aquarium GEOMAR

Kurz hinter der Reventloubrücke beginnt das Kieler Regierungsviertel. Hier befindet sich neben den Ministerien für Finanzen, Wirtschaft, Wissenschaft und Verkehr, dem Innenministerium und der Staatskanzlei auch das **Landeshaus**. Es gehört sicher zu den Landesparlamenten in Deutschland mit dem schönsten Ausblick, denn die gewählten Abgeordneten haben den Panoramablick auf die Förde. Der rote Ziegelbau von 1888 gehörte einst der Kaiserlichen Marine und wurde bei Luftangriffen im Zweiten Weltkrieg erheblich beschädigt. Der Landtag von Schleswig-Holstein zog am 3. Mai 1950 nach längeren Umbauarbeiten dort ein. Der gläserne Plenarsaal, in dem die Abgeordneten nun tagen, wurde 2003 eröffnet (Düsternbrooker Weg 70, 24105 Kiel, Tel. 04 31 98 80, www.sh-landtag.de, Besucher können nach Anmeldung an einer Plenardebatte teilnehmen, ein Lichtbildausweis muss mitgeführt werden, Anmeldung unter Tel. 0 43 19 88 11 18).

Kiellinie beim Landtag

Vom Landeshaus erreicht man in wenigen Gehminuten den **Sportboothafen Düsternbrook**. Der ehemalige Olympiahafen von 1936 bietet heute in vier Hafenbecken 300 Wasserliegeplätze für Boote, die nicht länger als 24 Meter sind (Kiellinie 65, 24105 Kiel, Tel. 04 31 26 04 84 26, www.sporthafen-kiel.de).

Vis-à-vis liegt das international renommierte **Institut für Weltwirtschaft**. Es gilt als eines der angesehensten wirtschaftswissenschaftlichen Forschungsinstitute weltweit und ist zugleich in der wirtschaftspolitischen Beratung etwa für die Bundesregierung tätig. Der Institutspräsident (seit 2019 der Österreicher Gabriel Felbermayr, der vom Münchner Ifo-Institut kam) ist häufig auch einer der „Wirtschaftsweisen" gewesen, die im Auftrag der Bundesregierung den jährlichen Wirtschaftsbericht zur Begutachtung der gesamtwirtschaftlichen Entwicklung erarbeiten. Das IfW beschäftigt rund 160 Mitarbeiter und verfügt über eine der größten Fachbibliotheken weltweit. Die Institutsgeschichte reicht bis in die Kaiserzeit zurück. Im Februar 1914 wurde das Königliche Institut für Seeverkehr und Weltwirtschaft an der Universität gegründet. Seit 1920 sitzt man an der Förde.

In unmittelbarer Nachbarschaft zum IfW residiert eine weitere traditionsreiche Institution: der **Kieler Yacht-Club** von 1887, der zu seinen Mitgliedern sowohl Kaiser Wilhelm II. als auch dessen Bruder Prinz Heinrich zählte. 1891 verlieh der Kaiser höchstselbst dem Verein den Ehrentitel „Kaiserlicher Yacht-Club" und verschiffte all seine Segelboote in die Stadt an der Förde. Während der Nazizeit sollte der Traditionsclub mit anderen Clubs zum Yacht-Club von Deutschland zwangsfusioniert werden. Das verhinderten die Mitglieder, indem sie den Verein Ende 1936 selbst auflösten. Nach dem Krieg wurde der Yacht-Club wieder zugelassen und entwickelte sich zu einem der angesehensten Segelclubs in Deutschland. Vor einigen Jahren geriet der Club in eine wirtschaftliche Schieflage und musste das Clubhaus verkaufen. Im Clubhaus befindet sich ein Hotel, das den Atlantic Hotels gehört, die auch Eigentümer der Herberge am Kieler Hauptbahnhof sind (Kiellinie 70, 24105 Kiel, Tel. 0 43 18 50 21, www.kyc.de).

Südlich vom Diederichsenpark liegt das **Seebad Düsternbrook**. Das Meerwasserbad mit Holzsteg verfügt über eine 60-Meter-Bahn mit Sprungbrett und auch einen Nichtschwimmerbereich. Die Naturbadeanstalt wurde 1936 anlässlich der Olympischen Spiele gebaut. Wer Clubmitglied ist, kann mit einem Schlüssel sogar außerhalb der Saison ins kühle Nass eintauchen. Doch es soll auch Besucher geben, die ein anderes kühles Nass bevorzugen. Die Seebar wirbt mit dem Slogan „Die einzige Kieler Bar auf dem Wasser". Die Deckchairs stehen direkt auf dem Steg, von den gemütlichen Lounge-Ecken kann man wahlweise die Badegäste und Stand-up-Paddler beobachten, während der DJ coole Musik auflegt.

(Kiellinie 130, 24106 Kiel, Tel. 0 43 13 41 85, www.seebad-duesternbrook.com, Öffnungszeiten: Juni – September ab 10 Uhr).

Seebad Düsternbrook

Sporthafen Wik mit GORCH FOCK

TIRPITZMOLE

Kieler Sporthafen

Etwa ein Kilometer nördlich des Seebades gelangt man zum **Tirpitzhafen** mit seinem berühmten „Bewohner“, der **GORCH FOCK**. Das Segelschulschiff der Deutschen Marine hat hier seinen Heimathafen. Oft bleibt der Platz jedoch leer, da das Schiff auf allen Meeren der Welt zu Hause ist, denn es ist ja Ausbildungsschiff für Offiziers- und Unteroffiziersanwärter. Namensgeber war der Hamburger Schriftsteller Johann Wilhelm Kinau, der unter dem Pseudonym GORCH FOCK publizierte und 1916 in der Seeschlacht am Skagerrak ums Leben kam. Die aktuelle GORCH FOCK ist offiziell die GORCH FOCK II, da das Vorgängerschiff 1933 gebaut worden war und 1945 in der Ostsee versank. Die heutige GORCH FOCK wurde 1958 auf Kiel gelegt und bei Blohm & Voss in Hamburg gebaut. Die Dreimastbark ist knapp 90 Meter lang und zwölf Meter breit und hat eine Besatzung von gut 200 Männern und Frauen (seit 1997 sind weibliche Kadetten zugelassen).

Leider waren die vergangenen Jahre keine guten für das Traditionsschiff: Erst fiel im November 2010 eine junge Offiziersanwärterin ungesichert aus der Takelage, was zu massiven Protesten einiger Offiziersanwärter führte. In den Medien war gar von Meuterei die Rede. Daraufhin wurde der Ausbildungsbetrieb unterbrochen und der Kommandant 2011 von seinen Pflichten entbunden, später jedoch rehabilitiert. Anfang 2013 wurde die Kadettenausbildung wieder aufgenommen. Doch in ruhigeres Fahrwasser kam das Schiff danach auch nicht. Die GORCH FOCK wurde von Januar 2016 an in der Elsflether Werft generalüberholt. Aber die Kosten liefen schnell aus dem Ruder: War zunächst von zehn Millionen Euro die Rede, explodierten die Kosten bis 2018 auf mehr als 130 Millionen Euro. Das Verteidigungsministerium geriet in Erklärungsnot – und dann wurden auch noch die beiden Vorstandsmitglieder der Werft geschasst. Die Staatsanwaltschaft ermittelt seit Anfang 2019 wegen des Verdachts der Korruption. Vom Sommer 2019 an soll die GORCH FOCK wieder auf große Fahrt gehen.

Nur wenige Meter vom Tirpitzhafen steht der wuchtige **Flandernbunker**. Der hässliche Klotz steht unter Denkmalschutz und wird ganz bewusst nicht „aufgehübscht“, um seinen ursprünglichen Charakter als Schutzbau im Zweiten Weltkrieg für die Bevölkerung der Stadt zu dokumentieren. Der Verein „Mahnmal Kilian e. V.“ hat aus dieser Kriegsruine in mühevoller Arbeit einen Ort der Bildung und Völkerverständigung gemacht. Wechselnde Ausstellungen, Film- und Theatervorführungen, Lesungen und Vorträge runden das abwechslungsreiche Programm ab (Kiellinie 249, 24106 Kiel, www.mahnmalkilian.de, Öffnungszeiten Mo–Fr 11–15 Uhr, So 11–17 Uhr).

Zwei interessante Sehenswürdigkeiten, die einen kleinen Abstecher lohnen, befinden sich zwei Kilometer westlich der Kiellinie: Der **Wasserturm Ravensberg** und der **Neue Botanische Garten** auf dem Kieler Universitätsgelände: Der Neue Botanische Garten liegt an der gleichnamigen Straße und kann mit den Buslinien 81 und 50 angefahren werden. Dieser Garten existiert seit Sommer 1985 neben dem Alten Botanischen Garten. Auf einer Fläche von acht Hektar finden sich rund 14.000 Pflanzen aus aller Welt, durch die ein Wegenetz von zehn Kilometern führt. Die Pflanzen befinden sich sowohl in Freilandrevieren als auch in sieben Schaugewächshäusern, die sich um einen Innenhof gruppieren. Der Gartenbereich „Amerika" im westlichen Bereich der Anlage konzentriert sich auf die Baumarten Nordamerikas. Hier stehen zahlreiche Arten, die wir aus Europa kennen, weil

Neuer Botanischer Garten

sie auf unserem Kontinent heimisch geworden sind. Die Pflanzen aus den Wüsten und Halbwüsten Nord-, Mittel- und Südamerikas findet man im Amerikahaus der Schaugewächshausanlage. Hier wachsen Agaven neben Kakteen, darunter 120 Jahre alte Goldkugelkakteen, deren Art erst Ende des 19. Jahrhunderts in Mexiko entdeckt wurden.

Weitere Gartenbereiche thematisieren Europa, Asien, das System der Pflanzen, Pflanzen aus dem Hochgebirge (im Alpinum), das Thema Ökologie, Arzneipflanzen und den sogenannten Major-Themengarten, der 1669 von dem Kieler Professor Johann Daniel Major gegründet wurde. Dieser Themengarten soll anhand alter Aufzeichnungen einen Eindruck vom ersten botanischen Garten in Kiel vermitteln.

Der Bereich „Europa“ im Freilandrevier führt uns in wichtige Biotope unseres Heimatkontinents. Hier werden der Waldrand, der Erlenbruch, das Moor, die Heide und die Dünenlandschaften vorgestellt. Die empfindlicheren Exemplare findet man im „Mediterranhaus“, in dem jedoch nicht nur die Mittelmeerregionen Europas, sondern auch das Kapland in Südafrika, Regionen in Kalifornien, Chile und Australien zu sehen sind. Hier findet man Korkeiche, Johannisbrotbaum und Eukalyptus.

Im Alpinum versammeln sich Pflanzen aus den Hochgebirgsregionen dieser Erde, es ist der artenreichste Teil im Botanischen Garten.
Einen anderen als den geografischen Ansatz zeigt der Bereich „Das System der Pflanzen“. Hier sind nahe verwandte Pflanzen in gemeinsamen Beeten vereint. Pflastersteine zwischen den Beeten markieren die Verwandschaftsbeziehungen.

Besonders interessant ist der Arzneipflanzengarten. Diese Pflanzen werden seit altersher zu medizinischen Zwecken genutzt und sind zugleich eine Reminiszenz an den ursprünglichen „Hortus Medicus“ von 1669, der im Kieler Schlosspark stand. Geordnet sind die Pflanzen hier nach ihren medizinischen Anwendungsgebieten.
Vor allem das **Tropenhaus** ist ein Besuchermagnet. 18 Meter misst das Gebäude bei einer Fläche von 800 Quadratmetern. Temperatur und hohe Luftfeuchtigkeit vermitteln ein Déjà-vu bei jedem, der schon mal in die Tropen gereist ist. Schmale Wege führen durch diesen künstlich angelegten Regenwald, dessen Pflanzen aus allen tropischen Regionen der Erde stammen und somit eine Einzigartigkeit vermitteln. Hier stehen Bananen neben Palmen und Orchideen, hier wachsen Kakao, Maniok und Vanille.

Im **Afrikahaus** finden sich vor allem Gewächse aus sehr niederschlagsarmen Gebieten, die sich durch spezielle Anpassung an extrem lange Trockenzeiten angepasst haben. Hier stehen sogenannte Saftpflanzen, deren Wurzeln, Stämme und Blätter als Wasserspeicher dienen. Daneben gibt es Exemplare aus den Dornbuschsavannen Madagaskars. Durch die frühe Trennung vom afrikanischen Festland hat sich auf der Insel eine ganz eigene Flora und Fauna herausgebildet.
Im **Insektivorenhaus** wachsen zahlreiche fleischfressende Pflanzen. Weltweit gibt es etwa 600 Arten, die Insekten und andere Kleinsttiere fangen, um sie zu verspeisen. So können diese Pflanzen an Stellen überleben, die extrem wenig Nährstoffe bieten. Unter den Gewächsen befinden sich südafrikanische Sonnentauarten oder die bekannte Venusfliegenfalle.
Im **Victoriahaus** kann man tropische Wasserpflanzen, Mangroven, aber auch wichtige Nutzpflanzen wie Reis, Zuckerrohr und Kokospalme besichtigen. Besondere Aufmerksamkeit bei Besuchern genießen auch die Riesenseerosen der

Gattung Victoria, die dem Gewächshaus seinen Namen gegeben hat, und der „Stinkewurz“ genannte Titanenwurz.

Wasserturm Ravensberg

Unweit des Botanischen Gartens erhebt sich der **Wasserturm Ravensberg** an der Niebuhrstraße Nr. 5. Das imposante Backsteingebäude aus der Gründerzeit wurde 1896 auf einer künstlichen Anhöhe gebaut und erinnert in seiner Architektur an einen mittelalterlichen Wehrturm. Seine Höhe beträgt gut 30 Meter bei einem Umfang von knapp 24 Metern. Zur Sicherung der Wasserversorgung wurde in 15 Meter Höhe ein Behälter mit einem Volumen von 1.500 Kubikmetern verbaut. Mitte der 70er-Jahre wurde der Bau bereits unter Denkmalschutz gestellt, doch der Betrieb wurde erst 1990 eingestellt. Zehn Jahre später wurde das Gebäude an einen Investor verkauft, der 34 Eigentumswohnungen errichten ließ, die jedoch unter strengen Auflagen der Denkmalschutzbehörde standen.

Die **Schleusenanlagen** des **Nord-Ostsee-Kanals** sind eine der großen Touristenattraktionen der Stadt. Die künstliche Wasserstraße hat eine lange Tradition. Im Juni 1887 erfolgte die Grundsteinlegung durch Kaiser Wilhelm I. Bereits unter dänischer Regentschaft wurde Ende des 18. Jahrhunderts mit dem Bau des Eiderkanals begonnen, der zum Teil natürliche Flussläufe nutzte und eine Verbindung von Kiel bis zur Nordsee bei Tönning schuf. Doch diese Verbindung konnte nicht Schritt halten mit der technischen Entwicklung und den größer werdenden Schiffen. Nach der Gründung des Deutschen Reichs 1871 reiften Pläne zum Bau eines neuen Kanals mit veränderter Streckenführung. Von 1887 an schufteten zeitweise fast 9.000 Arbeiter und bewegten Millionen Tonnen Erdreich. Nach acht Jahren Bauzeit weihte Kaiser Wilhelm II.

den Kanal am 20. Juni 1895 als „Kaiser-Wilhelm-Kanal“ zu Ehren seines Großvaters Wilhelm I. ein. Der neue Wasserweg verkürzt die Seereise um bis zu 450 Kilometer, da man nicht mehr um die Nordspitze Dänemarks (Skagen) herumschippern muss.

Im Laufe der Jahrzehnte wurde der Kanal mehrfach ausgebaut, um immer mehr Platz für immer größere Schiffe zu schaffen. Der Ausbau wird auch in Zukunft weitergehen. Die Umbenennung des Kanals erfolgte 1948. Der Nord-Ostsee-Kanal gilt auch heute noch als meistbefahrene Wasserstraße der Welt. Und er braucht den Vergleich mit seinem berühmteren „Bruder“, dem Panamakanal, keineswegs zu scheuen. Der NOK ist mit knapp 100 Kilometern fast 20 Kilometer länger, zählt doppelt so viele Schiffspassagen (mehr als 30.000 pro Jahr gegenüber ca. 15.000)

Nord-Ostsee-Kanal bei Kiel-Holtenau

NO SMOKING
PICTOR J

Schleuse Holtenau

Kanalpackhaus

und wurde 19 Jahre früher in Betrieb genommen.
Für eine Durchfahrt braucht ein Schiff etwa sechs bis acht Stunden, und für größere Schiffe besteht Lotsenpflicht.

Die kleine Schleuse, die 1895 in Betrieb genommen wurde, ist seit 2014 dauerhaft gesperrt. Hier wird ein Neubau kommen. Der Verkehr geht nun durch die beiden Kammern der **Großen Schleuse**, die jedoch auch – bei laufendem Betrieb – saniert werden müssen.
In die Große Schleuse passen Schiffe bis zu einer Länge von 310 Metern und einer Breite von 42 Metern hinein. Die durchschnittliche Schleusungszeit dauert etwa 20 Minuten. Um den Schleusenvorgang möglichst hautnah zu erleben, können Besucher an der Großen Schleusenkammer in Kiel-Wik die **Aussichtsplattform** an der Uferstraße benutzen. Wer aus der Innenstadt mit dem Bus anreist (z. B. Linie 11), steigt an der Haltestelle Wik-Kanal aus.

Wer auf die andere Wasserseite wechseln möchte, kann die kostenlose **Personenfähre** (die auch Fahrräder mitnimmt) von der Uferstraße zur Kanalstraße nehmen. Die Überfahrt dauert nur wenige Minuten. Schlendert man die Kanalstraße in östlicher Richtung zum Leuchtturm, passiert man das historische **Kanalpackhaus** an der Hausnummer 63. Wo sich heute komfortable Ferienwohnungen befinden, wurden im 19. Jahrhundert allerlei Waren gelagert.

An der Landspitze steht der historische **Leuchtturm** von 1885. Das sehr schöne Gebäude steht auf einem kleinen Hügel, der aus Aushubmaterial beim Bau des Nord-Ostsee-Kanals entstanden ist. Der Leuchtturm aus Backstein ist 20 Meter hoch. Im Fundament des Bauwerks liegt die Gründungsurkunde für den Nord-Ostsee-Kanal (vormals Kaiser-Wilhelm-Kanal). In der Drei-Kaiser-Gedenkhalle im Inneren wird der drei Monarchen gedacht, die während des Baus das Deutsche Reich führten: Wilhelm I., Friedrich III. und Wilhelm II. Der Leuchtturm wird heute auch als Standesamt genutzt.

Leuchtturm Holtenau

SPECIAL

KIELER WOCHE

WENN KIEL ZUM MEKKA DES SEGELSPORTS WIRD

Jedes Jahr Ende Juni verwandelt sich das beschauliche Kiel für anderthalb Wochen in eine Sport-, Party-, und Glamourstadt – und erkennt sich selbst kaum wieder.

Sportboothafen Düsternbrook

Dann weht ein Hauch von Lifestyle-Metropole durch die windigen Straßenzüge, wird der kühle Kieler beinahe zu einem lebensfrohen Südländer und genießt das Leben. Im Rheinischen nennt man die fünfte Jahreszeit schlicht Karneval, in Kiel heißt der zehntägige Ausnahmezustand Kieler Woche.

Bereits seit 1882 steht diese Veranstaltung in den Kalendern, wurde in den Anfangsjahren allerdings dem Publikum noch in beinahe homöopathischen Dosen verabreicht. Gerade mal eine Handvoll Segler maßen sich in jenem Sommer in einer Regatta, mehr oder weniger unter Ausschluss einer breiten Öffentlichkeit. Die Veranstaltung ging auch nur über einen Tag. Beste Voraussetzungen also, um Schiffbruch zu erleiden. Doch spätestens als 1889 Kaiser Wilhelm erstmals der Kieler Regatta seinen hoheitlichen Besuch abstattete, war der Durchbruch geschafft.

Von Jahr zu Jahr wuchsen Umfang, Dauer und Teilnehmerzahl des Segelsporterеignisses. Doch es gab immer wieder politische Klippen und Stromschnellen, die umschifft werden mussten, die manchmal jedoch auch zu einem unüberwindlichen nautischen Hindernis wurden. So machten die beiden Weltkriege, die Nazis und selbst die britische Militärregierung den Kielern das schöne Segelleben madig. Mal wurde die Veranstaltung mittendrin abgebrochen (als der österreichische Thronfolger in Sarajevo bei einem Attentat ums Leben kam und der verhängnisvolle Lauf der Ereignisse in den Ersten Weltkrieg mündete), mal (z.B. 1940–44) fiel die Kieler Woche komplett aus oder wurde gar

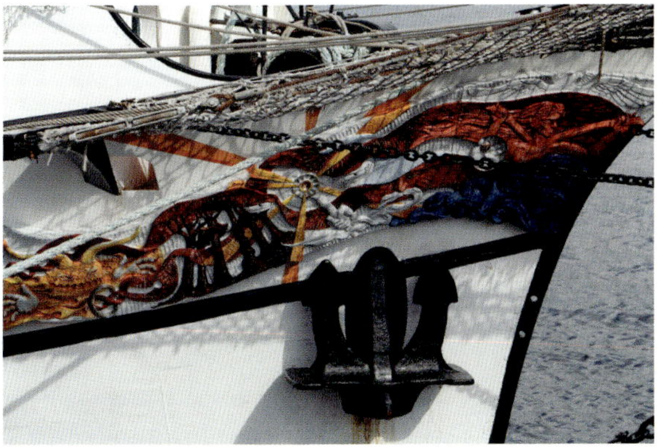

C3

gewaltig leise
Das Kieler-Woche-Festival | Freilichtbühne
www.kieler-woche.de
Kartenvorverkauf: Stadtgalerie Kiel/Infotresen KulturForum, Tourist-Information Kiel e.

Kiellinie bei der Blücherbrücke

– wie 1945 – von den Briten als „Kiel Week" komplett ohne deutsche Beteiligung veranstaltet. Die Wunden des Zweiten Weltkriegs waren für die Briten noch zu frisch.

Die moderne Kieler Woche hat sich dann in der Nachkriegszeit rasant zu einem riesigen Segelsport- und Volksfest entwickelt. Heute strömen bis zu 3,8 Millionen Besucher an den zehn Tagen ans Wasser, viele von ihnen tummeln sich entlang der sogenannten Kiellinie, der Hafenpromenade der Stadt. Neben den Sailing-Wettbewerben, an denen Segler aus 30 bis 40 Ländern anreisen, stehen mehr als 2.000 Veranstaltungen im Programmablauf, die den sportlichen Teil einrahmen. Auf mehr als einem Dutzend Bühnen, die im Stadtgebiet verteilt sind, treten nationale und internationale Künstler meist kostenlos auf. Die Kosten werden überwiegend von Großsponsoren aus der Industrie getragen. An zahlreichen kulinarischen Ständen gibt es vieles, was über Kieler Sprotten hinausgeht und somit auch gastronomisch den internationalen Charakter dieses Großereignisses unterstreicht.

Sandhafen

Die sportlichen Wettbewerbe werden überwiegend im Olympiazentrum Schilksee ausgetragen. Die Regatten, an denen bis zu 5.000 Segler aus 50 Nationen teilnehmen, sind in 16 nationale und internationale Bootsklassen sowie in zehn olympische Klassen eingeteilt.

Maritimer Höhepunkt einer jeden Kieler Woche ist traditionell die große

Windjammerparade gegen Ende. Eine imposante Armada von Groß- und Traditionsseglern, historischen Dampfschiffen, Segelyachten aller Art, Marineverbänden aus aller Welt und Schulschiffen gleitet an den Hunderttausenden von begeisterten Zuschauern durchs Ostseewasser. Beendet wird die Kieler Woche immer am letzten Sonntag im Juni mit einem spektakulären Feuerwerk über der Innenförde. Die Kieler Woche 2019 findet vom 22. bis 30. Juni statt.

Windjammerparade

F
GER
379

3. STADTSPAZIERGANG: AUSSERHALB VON KIEL KIELER BUCHT

An der mit 1,9 Kilometern schmalsten Stelle der Kieler Förde, der Friedrichsdorfer Enge, liegt der kleine Kieler Stadtteil **Friedrichsort**. Hier ließ der dänische König Christian IV. 1631 während des Dreißigjährigen Krieges die Festung Christianspries errichten, um Kiel vor den Schweden zu schützen. Zwölf Jahre später eroberten die Schweden die Anlage. Als der Dreißigjährige Krieg 1648 endete, wurde die Festung, die inzwischen wieder in dänischem Besitz war, geschleift. An ihrer Stelle

Leuchtturm Friedrichsort

Strand Falckenstein

wurde 1663 eine neue Festungsanlage gebaut. In den folgenden Jahrhunderten war das strategische Bauwerk heiß umkämpft – von Dänemark, Schweden und Preußen. Nach dem Ersten Weltkrieg musste die Festung nach den Bestimmungen des Versailler Vertrags abgetragen werden, jedoch blieben einzelne Gebäude erhalten, die ab den 30er-Jahren die Deutsche Marine nutzte. Im Zweiten Weltkrieg wurden die meisten Gebäude bei Luftangriffen zerstört. In den 50er-Jahren begann die Nutzung durch die Bundeswehr, die erst 2004 endete. Die Festung Friedrichsort ist die einzige Seefestung Deutschlands und steht seit 1966 unter Denkmalschutz. Heute hat die Anlage einen Durchmesser von etwa 300 Metern. Erhalten sind Wassergräben, Wallanlagen sowie die Kasematten, die 1869 und 1876 aus gelbem Backstein errichtet wurden und nun privat genutzt werden. Die Stadt Kiel plant jedoch, das Gelände zu kaufen und die Festung zu rekonstruieren.

Wenn das Wetter mitspielt, lohnt ein Besuch des **Falckensteiner Strands**. Mit seiner Länge von 2,8 Kilometern gilt er als Kiels längster Strand und ist aufgrund des flachen Wassers besonders für Kinder geeignet. Von hier hat man einen Panoramablick auf die vorbeifahrenden Kreuzfahrtschiffe, Fähren und Containerriesen. Und obwohl dieser feinsandige Strand ein Stadtstrand ist, gibt es keinen

Schilksee, Yachthafen

allzu großen Rummel durch Hotels, Cafés und Kneipen. Einfach deshalb, weil sie nicht vorhanden sind. Am südlichen Strandende steht der grün-weiße „Leuchtturm Friedrichsort“, der 1971 in Betrieb genommen wurde und 32 Meter hoch ist. Er befindet sich in Strandnähe auf einer kleinen Insel und löste den alten Leuchtturm aus dem 19. Jahrhundert ab, dessen altes Turmhaus heute die Fußgängerzone von Friedrichsort schmückt (Falckensteiner Strand, 24159 Kiel, Anfahrt: von Kiel mit Bus 502 bis Haltestelle „An der Schanze“, von dort mit dem Strandbus-Shuttle, während der Sommermonate mit dem Fördeschiff F 1 der SFK-Linie zum Fähranleger Falckenstein, mit dem Auto über die B 503).

Zwei Kilometer weiter nördlich erreicht man **Schilksee**, ebenso ein Stadtteil von Kiel, der international bekannt wurde als Austragungsort der olympischen Segelwettbewerbe 1972.
Schilksee war ursprünglich ein selbstständiges Dorf aus dem 13. Jahrhundert und wurde erst 1959 eingemeindet. Die ersten bescheidenen Anfänge in Sachen Tourismus datieren um das Jahr 1890. Der Segelsport nahm erst nach dem Zweiten Weltkrieg richtig Fahrt auf und erreichte seinen sportlichen Höhepunkt 1972 während der Olympischen Spiele. Damals wurde das **Olympiazentrum** Schilksee gebaut – mit Yachthafen, Wohngebäuden, Geschäften, Zuschauertribüne

Heikendorf

und Bootshallen. Noch immer herrscht hier Hochbetrieb anlässlich der jährlichen Kieler Woche, wenn der Hafen Schauplatz der Segelwettbewerbe ist. Dann gehen auf den Regattabahnen 4.000 Seglerinnen und Segler aus 65 Nationen in 1.700 Booten an den Start. Seit 1988 ist Schilksee Teil des Olympiastützpunktes Hamburg/Schleswig-Holstein (Soling 38, 24159 Kiel, Tel. 04 31 22 07 62 03).

Auf dem Gelände steht das **Olympia Hotel Kiel** (Drachenbahn 20, Tel. 04 31 37 57 50, www.olympia-hotel-kiel.de). Das elf-stöckige Gebäude bietet zwölf Einzel- und 21 Mehrbett-Apartments.

Ein lohnenswertes Restaurant mit einem gewöhnungsbedürftigen Namen ist das **El Mövenschiss**. Die Küchencrew kombiniert gekonnt norddeutsche und andalusische Gerichte in der offenen Küche. Von der Terrasse mit 120 Plätzen genießt man einen tollen Blick auf Hafen und Strand (Solling 36, 24159 Kiel, Tel. 0 43 18 88 05 14, www.elmoevenschiss.de, Öffnungszeiten: So–Do 11–22 Uhr, Wochenende 11–23 Uhr, Di Ruhetag).

Sonnenbad am Strand von Heikendorf

Bülker Leuchtturm an der Ostseeküste bei Strande

Ein paar Hundert Meter südlich des Olympiahafens schließt sich das **Strandbad** an. Hier kann man am 800 Meter langen Sandstrand auch Strandkörbe und Tretboote mieten. Außerdem gibt es einen Kiosk (Hohes Ufer, 24159 Kiel, Tel. 04 31 37 22 80).

Fährt man nördlich weiter über die Fördestraße, erreicht man nach wenigen Hundert Metern das kleine **Ostseebad Strande**. Das ehemalige Fischerdorf mit seinen 1.500 Einwohnern ist so übersichtlich, dass man es zu Fuß erkunden kann. Die gemütliche Strandpromenade lädt zum Verweilen ein, zwei schöne Badestrände am flach abfallenden Wasser liegen nördlich und südlich des Hafens. Im nördlichen Abschnitt gibt es Strandkörbe und einige kleine Bistros.

Dort, wo die Strander Bucht in die Bucht von Eckernförde übergeht, steht der **Bülker Leuchtturm**. Er ist der älteste Leuchtturm an der Kieler Förde und wurde 1862

Bülker Leuchtturm an der Kieler Förde

von den Dänen gebaut. Aufgrund des Deutsch-Dänischen Krieges verzögerte sich die Indienststellung – dann durch die Preußen – bis 1865. Doch die Zunahme des Seeverkehrs in der Förde ließ den Turm bald an seine Grenzen gelangen: Ein zusätzliches Feuerschiff wurde 1892 am Eingang der Kieler Förde postiert. Bis in die 60er-Jahre des 20. Jahrhunderts arbeiteten mehrere Leuchtturmwärter im Schichtdienst. Inzwischen wird der Turm, der immer noch in Betrieb ist, vom Lübecker Amt für Wasser- und Schifffahrt in Travemünde ferngesteuert.

Der Leuchtturm ist knapp 26 Meter hoch und hat auf 22 Meter eine Aussichtsplattform, die für Besucher geöffnet ist. Von dort oben kann man sogar den Kieler Leuchtturm sehen (Leuchtfeuer Bülk, 24229 Strande, Tel. 0 43 49 92 64, www.leuchtturm-buelk.de). Am Leuchtturm gibt es den Leuchtturm-Pavillon, ein Restaurant, das täglich außer Mo von 10–19 Uhr geöffnet ist).

Auf dem Weg nach Heikendorf passiert man den **Golf-Club Kitzeberg**. Die schöne 18-Loch-Anlage in einem kleinen Wald liegt in einem leicht hügeligen Gelände. 1902 mitbegründet von Prinz Heinrich, dem Bruder von Kaiser Wilhelm II., gilt er als ältester von Deutschen gegründeter und ohne Unterbrechung bestehender Golfclub Deutschlands.

(Wildgarten 1, 24226 Heikendorf, Tel. 04 31 23 23 24, www.golf-kiel.de, Restaurant Wildgarten, Öffnungszeiten des Clubs: Mitte März – September Mo–Fr 9–18 Uhr, Wochenende 9–16 Uhr, Oktober Mo–Fr 9–17 Uhr, Wochenende 9–16 Uhr, November – März Di–Fr 10–15 Uhr, So 11–14 Uhr).

Heikendorf

In **Heikendorf** steht das **Künstlermuseum Heikendorf – Kieler Förde**, das die Werke der Künstlerkolonie Heikendorf sammelt. Der zweistöckige Ziegelbau von 1865 ist das ehemalige Wohn- und Atelierhaus von Heinrich Blunck, dem Gründer der Gruppe. 1923 zog der Maler hier mit seiner Frau Käte ein. Nach und nach gesellten sich weitere Maler und Bildhauer in Heikendorf und den umliegenden

Dörfern hinzu und arbeiteten in ihren eigenen Ateliers. Zur Kreativkolonie zählten u. a. Georg Burmester, Rudolf Behrend, Werner Lange, Oskar Droege und die Bildhauerin Karin Hertz. Sie vereinte die Liebe zur Natur, zum Meer mit seinen abwechslungsreichen Farbnuancen und zur dörflichen Umgebung mit ihren Bauernhäusern. Der frühere Blumen- und Gemüsegarten wurde als Museumsgarten neu gestaltet. Hier stehen Bronzeskulpturen von Karin Hertz (Teichtor 9, 24226 Heikendorf, Tel. 04 31 24 80 93, www.kuenstlermuseum-heikendorf.de, Öffnungszeiten: Di–Sa 14–17 Uhr, So 11–17 Uhr).

Im Ortsteil Möltenort gbt es am Stinnespark eine **Seebadeanstalt** (Strandweg, 24226 Heikendorf, Tel. 0 17 24 39 72 57, www.seebadeanstalt.de). Etwas weiter nördlich steht ein mächtiges **U-Bootehrenmal** auf einer kleinen Landzunge, der Möltendorfer Schanze. Es ist dem Gedenken an alle U-Boot-Fahrer der Deutschen Marine gewidmet, die auf See geblieben sind. Rund 35.000 Namen sind auf Bronzetafeln verewigt. Ein 4,60 Meter hoher Adler mit ausgebreiteten Flügeln steht auf einem gut 15 Meter hohen Sandsteinpfeiler, an dem das U-Boot-Kriegsabzeichen prangt. Eingerahmt wird das Denkmal von zwei flachen kleinen Gebäuden, in denen sich Gedenkräume befinden.

Heikendorf

Gut einkehren lässt sich am Heikendorfer Yacht Club im **Galerie-Café Roehrskroog**. Hier werden leckere selbst gebackene Kuchen unterm Reetdach aufgetischt (Möltenorter Weg 1, 24226 Heikendorf, Tel. 04 31 24 17 47).

Das Restaurant **Das kleine Strandhaus** bietet eine gute Auswahl an Fisch- und Fleischgerichten, Suppen und Salaten. Schöne Terrasse und bester Fördeblick (Strand Möltenort, Uferweg 1, 24226 Heikendorf, Tel. 0 43 12 49 87, www.das-kleine-strandhaus.de).

Etwa drei Kilometer nördlich von Heikendorf liegt das bekannte Ostseebad Laboe. Hier gibt es eine Reihe von Sehenswürdigkeiten, die einen Tagesausflug rechtfertigen. Der Ort wurde 1240 erstmals urkundlich erwähnt, jedoch befand sich an gleicher Stelle zuvor ein slawisches Fischerdorf mit dem schönen Namen „Lubodne", was übersetzt „Ort der Schwäne" bedeutet. Noch heute ziert der Schwan das Stadtwappen. Seit 1875 darf sich Laboe „Ostseebad" nennen, was für die Förderung des Tourismus nicht unerheblich war. Genauso wie der Slogan „Laboe – die Sonnenseite der Kieler Förde". Die 5.000-Einwohner-Stadt verfügt über eine große Marina, die Liegeplätze für mehr als 750 Boote bietet. Hier starten (oder enden) auch die Fördedampfer aus Kiel.

Das imposante Marine-Ehrenmal von Laboe

Die Hauptattraktion der Stadt ist das weithin sichtbare **Marine-Ehrenmal**, das bis heute von etwa 15 Millionen Menschen besichtigt wurde. Kriegsschiffe aller Nationen ehren das Denkmal bei der Vorbeifahrt. Admiral Scheer legte den Grundstein am 8. August 1927, doch die Bauarbeiten zogen sich bis 1936 hin. Der Baustopp war die Folge der beginnenden Weltwirtschaftskrise, die vor allem Deutschland mit voller Wucht traf. Erst ab Sommer 1933 wurde weitergearbeitet. An der Einweihung am 30. Mai 1936 mit großer Flottenparade und Ehrensalut nahm auch Adolf Hitler teil.

Der Betonturm, der mit Granit verblendet ist, erhebt sich 72 Meter über der Ostsee. Wer die Aussichtsplattform erreichen will, hat zwei Möglichkeiten: entweder die bequeme Fahrt mit einem der beiden Fahrstühle oder den mühevollen Aufstieg über 341 Stufen. Jedenfalls wird die Anstrengung belohnt, denn der Blick geht weit über Ostsee und Förde. Bei gutem Wetter kommt sogar Dänemark in Sicht. Auf einer Hinweistafel sind die Orte aufgeführt, die man sehen kann.

Das Ehrenmal hat über die Jahrzehnte hinweg mehrfach einen Bedeutungswandel erlebt: Wurde bei der Grundsteinlegung zunächst nur der Gefallenen der Deutschen Marine im Ersten Weltkrieg gedacht, wurden nach dem Zweiten Weltkrieg alle gestorbenen deutschen Seefahrer beider Weltkriege und auch deren Gegner in das Gedenken einbezogen. 1996 erfolgte dann eine erneute Umwidmung. Nun heißt es: „Gedenkstätte für die auf See Gebliebenen aller Nationen. Mahnmal für eine friedliche Seefahrt auf freien Meeren“.

Ausblick auf die Kieler Förde bei Laboe

Marine-Ehrenmal mit Technischem Museum U 995

Zur Anlage zählen noch eine 7.000 Quadratmeter große Freifläche aus Sandstein, eine unterirdische Gedenkhalle sowie eine historische Halle, die als Ausstellungsfläche genutzt wird. Themen hier sind u.a. die Geschichte der Deutschen Marine und der Handelsschifffahrt. Gezeigt werden auch originalgetreue Schiffsmodelle. In weiteren Räumen werden Kriegsflaggen und ein Gedenkbuch, in dem die Namen aller 63.686 auf See gebliebenen oder vermissten Angehörigen der Deutschen Marine im Zweiten Weltkrieg eingetragen sind, präsentiert (Strandstr. 92, 24235 Laboe, Tel. 0 43 43 49 48 49 30, www.deutscher-marinebund.de, Öffnungszeiten: November – Februar 10–16 Uhr, Führung 14 Uhr, März 9.30–17 Uhr, Führung 15 Uhr, April – Mai 9–18 Uhr, Führung 16 Uhr, Juni – September 9–19 Uhr, Führung

17 Uhr, Oktober 9.30 – 17 Uhr, Führung 15 Uhr, Heiligabend/ Silvester 10 – 14 Uhr).

Unweit des Ehrenmals liegt das **Technische Museum U 995**. Betreiber ist der Deutsche Marinebund. Seinen Angaben zufolge besuchen rund 350.000 Menschen pro Jahr dieses ganz besondere technische Museum. Vom Bootstyp der Klasse VII wurden rund 700 Stück gefertigt, und das machte ihn zu einer Art Bestseller im U-Boot-Bau. Die U-995 lief bei Blohm & Voss in Hamburg vom Stapel, wurde 1943 in Dienst gestellt und absolvierte neun Feindfahrten im Nordatlantik, bei denen vier Handelsschiffe und ein Kriegsschiff versenkt wurden. Am Ende des Krieges fiel es an die Britische Marine, die es am norwegischen Stützpunkt der Deutschen beließ. 1946 wurde das U-Boot an die norwegische Marine übergeben, die es bis 1965 nutzte. Für den symbolischen Preis von einer Mark ging die U-995 an Deutschland zurück und wurde dann mehrere Jahre instand gesetzt, bevor sie 1972 ihre Luken für Besucher öffnete. Wer heute durch die enge Röhre läuft, bekommt einen Eindruck von der klaustrophobischen Enge, die in solchen U-Booten herrschte. Das Boot misst rund 67 Meter bei einer Breite von etwas über sechs Metern. Das Schiff war für eine Tauchtiefe von 120 Metern konzipiert, erreichte aber tatsächlich die doppelte Tiefe. Die Besatzung bestand aus rund 50 Marinesoldaten (Öffnungszeiten siehe Marine-Ehrenmal).

Weit weniger militärisch geht es in der **Meeresbiologischen Station** zu. Hier werden auf lockere Art Fragen beantwortet, die wir uns alle schon mal gestellt haben: Können Seenadeln pieksen oder Muscheln schwimmen? In einer einstündigen Führung werden diese und weitere Fragen sachkundig von Meeresbiologen beantwortet. 30 Aquarien zeigen den Besuchern die unterschiedlichen Lebensräume der Ostsee. Und auch Meeresbiologie zum Anfassen ist möglich: Da darf man auch mal einen Seestern streicheln oder einen Hummer füttern (Meeresbiologische Station, Strand 1, 24235 Laboe, Tel. 0 43 43 42 93 21, www.meeresbiologie-laboe.de, Öffnungszeiten: April – Oktober, Di–So 11–18 Uhr, November – März, Do–So 11–18 Uhr).

Dünenspaziergang bei Laboe

Tourist Information: Ostseebad Laboe, Börn 2, 24235 Laboe, Tel. 0 43 43 42 75 53, www.laboe.de

Von Kiel aus ist Laboe mit dem **Bus** (Linie 100 und 102 ab Hauptbahnhof) und den Fördeschiffen der **SFK-Linie** von der Kieler Bahnhofsbrücke (Nr. F 1) erreichbar.

Das Restaurant **Ocean Eleven** ist ein guter Platz zum Essen und Entspannen. Restaurant, Bar und Café in einem. Schöne Strandlage, Cocktails und internationale Küche (Hafenplatz 1, 24235 Laboe, Tel. 04 34 34 94 64 64, www.ocean-eleven.de, Öffnungszeiten: täglich ab 12 Uhr).

Auch empfehlenswert: **Fischküche Laboe**. Meeresfrüchte und frische Fischbrötchen in Selbstbedienung. Schöne Terrasse direkt am Hafen (Hafenplatz 1, 24235 Laboe, Tel. 0 43 43 42 97 99, www.fischkueche-laboe.de, Öffnungszeiten: täglich ab 11.30 Uhr).

Laboe

Kieler Förde

Vor den südlichen Toren Kiels etwa fünf Kilometer von der Stadtgrenze liegt das **Freilichtmuseum Molfsee**. Es gehört zu den größten seiner Art in Deutschland. Auf einer Fläche von etwa 40 Hektar sind rund 60 Gebäude aus dem 16. bis 20. Jahrhundert ausgestellt, die aus verschiedenen Regionen Schleswig-Holsteins stammen und auf dem Museumsgelände wiederaufgebaut wurden. Das volkskundliche Museum dokumentiert seit mehr als einem halben Jahrhundert höchst anschaulich die Alltags- und Kulturgeschichte im ländlichen Raum Schleswig-Holsteins. Die 60 Museumshäuser sind in eine weitläufige Landschaft aus Wiesen und Wäldern, Gärten und Feldern eingebettet. Auf den Äckern werden Kohl und Rüben neben Getreide gezogen, in den Gärten stehen alte Obstbäume. Die Landschaft ist zugleich Refugium für zahlreiche Tierarten wie Eulen, Frösche und Fledermäuse.

Die Bauernhäuser, Katen, Scheunen und Werkstätten sind mit Originalmöbeln, Haushaltsgegenständen und Werkzeugen ausgestattet. Die Häuser sind in Gruppen aufgebaut, etwa aus Angeln und Nordfriesland, aus Fehmarn und Dithmarschen.

Freilichtmuseum Molfsee

So erkennt man als Besucher die unterschiedlichen regionalen Einflüsse in der Architektur, der Wohnungseinrichtung und sogar der Landwirtschaft. Das zeigt die besondere geografische Lage des Landes zwischen den Meeren, Skandinavien und Deutschland. Außerdem wird bei den Gebäudeensembles die unterschiedliche soziale Stellung der einstigen Bewohner deutlich: Große Gehöfte stehen für wohlhabende Bauern, kleine Katen und Fischerhäuser für den ärmeren Teil der Landbevölkerung.

In einigen Gebäuden kann man traditionellen Handwerkern wie Schmieden, Korbmachern, Töpfern und Bäckern bei ihrer teils schweren Arbeit zuschauen. Die Bandbreite der zu besichtigenden Häuser erstreckt sich über vier Jahrhunderte: Das älteste Haus auf dem Gelände ist das **Pfarrhaus aus dem ostholsteinischen Ort Grube**. Es stammt aus dem Jahr 1569. Das jüngste Gebäude ist eine Molkerei aus der Region Angeln von 1914. Hier wird noch heute Käse hergestellt wie Anfang des 20. Jahrhunderts.

Freilichtmuseum Molfsee, alte Apotheke

Am Eingang steht ein Torhaus vom **Gut Deutsch-Nienhof** nach einem Entwurf von 1770, das jedoch erst im Freilichtmuseum architektonisch umgesetzt wurde. Ein weiterer Höhepunkt sind die vier Mühlen aus dem 18. und 19. Jahrhundert. Ebenfalls sehenswert ist die historische Apotheke von 1843 aus Dithmarschen mit Aufbewahrungsschränken aus der Zeit des Biedermeier. Die Mahagoni-Arbeiten sind mit Intarsien verziert.

Für Groß und Klein gibt es auf dem Gelände einen historischen Jahrmarkt mit zwei Karussells, einer Schiffsschaukel und einem „Hau den Lukas".

(Freilichtmuseum Molfsee Landesmuseum für Volkskunde, Hamburger Landstraße 97, 24113 Molfsee, Tel. 0 43 16 59 66 22, www.freilichtmuseum-sh.de, Öffnungszeiten: März – Oktober täglich 9–18 Uhr, in den anderen Monaten nur Sonntag 11–16 Uhr).

SPECIAL

KIEL ALS SPORTSTADT

Kiel gilt gemeinhin als Handball-Hochburg in Deutschland. Und das ist dem deutschen Rekordmeister THW Kiel zu verdanken. Der Turnverein Hassee-Winterbek e.V. von 1904, wie der vollständige Name lautet, wurde nicht in Kiel, sondern in der damals selbstständigen Gemeinde Hassee gegründet. Inzwischen ist der Ort jedoch eingemeindet und ein Stadtteil im Südwesten der Landeshauptstadt.

Handball spielte in den ersten Jahren des neuen Vereins überhaupt keine Rolle. Es ging ums Turnen – und Handball wurde erst Jahrzehnte später ins Programm

Wassersport auf der Förde

genommen. Auf Bundesliganiveau spielt der Verein seit 1967, konnte aber bereits 1957, 1962 und 1963 drei Deutsche Meistertitel feiern, als es die Bundesliga (die 1966 aus der Taufe gehoben wurde) noch gar nicht gab.

Die Heimspiele der „Zebras", wie die Mannschaft aufgrund ihrer schwarz-weiß gestreiften Trikots heißt, werden traditionell in der gut 10.000 Zuschauer fassenden Sparkassen-Arena ausgetragen, die früher mal Ostseehalle hieß.

In den 90er-Jahren wurde dann eine Meistermannschaft um den schwedischen Welthandballer Magnus Wislander aufgebaut. Ein weiterer Coup gelang mit der Verpflichtung des kroatischen Trainers Zvonimir Serdarusic, der in den

Segelboot auf der Kieler Förde

80er-Jahren bereits als Spieler beim THW aufgelaufen war. Man kann heute von der „Ära Serdarusic" sprechen, da er von 1993 bis 2008 in Kiel arbeitete und während dieser Zeit elf deutsche Meisterschaften gewann. Er ist damit der erfolgreichste Trainer der deutschen Handballgeschichte. Den Höhepunkt der Zusammenarbeit stellt das Jahr 2007 dar, als der THW das Triple aus Meisterschaft, Pokal und Champions League gewann.

Wassersport im Bootshafen

Ab 2008 begann die zweite Ära eines großen Trainers in Kiel, die bis heute anhält: Der isländische Trainer Alfred Gislason konnte an die Erfolge seines Vorgängers nahtlos anknüpfen. Titel wurden weiter in Serie gewonnen – Meisterschaften, Pokale und die Champions League. Zudem gelang den Kielern in der Saison 2011/12 etwas bis dahin Einmaliges: Die „Zebras" gewannen alle Bundesligaspiele. In den vergangenen Jahren schwächelte man etwas, der erfolgsverwöhnte Verein musste kleinere Brötchen backen, national wie international. Doch an der Förde ist man sicher: Die exzellenten Jahre kommen irgendwann zurück.

Der zweite deutschlandweit bekannte Sportverein ist Holstein Kiel. Seit einigen Jahren macht der Traditionsfußballverein von sich reden, spätestens seit er 2017 in die 2. Bundesliga aufgestiegen ist und es eine Zeit lang aufgrund des guten Tabellenplatzes sogar nach einem Durchmarsch in die erste Liga aussah. Dabei war Kiel in der Frühphase seines Bestehens schon einmal deutscher Meister. Lang, lang ist's her, als man 1912 mit einem knappen 1:0 gegen den Karlsruher FV gewann.

Die „Störche" wie der Verein von den Fans liebevoll genannt wird, tragen ihre Heimspiele im Holstein-Stadion im Stadtteil Wik aus. Das Stadion war viele Jahre in keinem guten Zustand, wird aber seit dem Aufstieg in die 2. Bundesliga nun ausgebaut. Die Zuschauerkapazität von derzeit 11.000 Plätzen soll auf 15.000 erhöht werden.

Kajakunterricht auf der Kieler Förde

Der Wassersport nimmt in einer Ostseestadt traditionell einen breiten Raum ein. Die Stadt an der Förde darf sich als einzige deutsche Stadt Doppel-Olympiastadt nennen. Sowohl 1936 (Olympische Spiele in Berlin) als auch 1972 (Olympische Spiele in München) wurden die Segelwettbewerbe in Kiel ausgetragen. Zentrales Ereignis auf dem Wasser ist in jedem Sommer die Kieler Woche (siehe Special). Während der übrigen Zeit finden weitere Regatten in Kiel statt, die zumeist von den örtlichen Segelclubs initiiert werden. Einer der Traditionsclubs ist der Kieler Yacht Club von 1887, der bis 1937 Kaiserlicher Yacht-Club hieß, weil Kaiser Wilhelm II. Mitglied war.

SUP im Kieler Bootshafen

Auch der Rudersport hat in Kiel eine große Tradition und Bedeutung. Der Erste Kieler Ruder-Club von 1862 gehört zu den drei ältesten Rudervereinen in Deutschland.

SVK KIEL
PIPAPO
ASV KIEL
KIEL
Henni

Schilksee, Yachthafen

SPECIAL

KIEL UND DIE NOVEMBERREVOLUTION 1918

Im Herbst 1918 wurde in Kiel deutsche Geschichte geschrieben. Der Auslöser für die Novemberrevolution, die zum Sturz der Monarchie führte, war am 3. November 1918 der Kieler Matrosenaufstand. Bereits zuvor gab es erste Befehlsverweigerungen von Matrosen in Wilhelmshaven. Die deutschen Seeleute hatten sich seit dem 29. Oktober geweigert, einem Befehl der Kommandobehörden der Marine Folge zu leisten, gegen die übermächtige britische Flotte in ein letztes entscheidendes Gefecht vor der englischen Küste zu ziehen.

Die Matrosen fürchteten, dass sie zur Schlachtbank geführt und Tausende von ihnen sterben würden. Die deutsche Seekriegsleitung gab schließlich ihren Plan auf und beorderte die deutschen Kriegsschiffe nach Kiel zurück. Auf der Rückfahrt wurden jedoch zahlreiche Matrosen an Bord verhaftet. Für die Marineführung war das schlicht Meuterei. In Kiel versuchten die Schiffsbesatzungen, die Arbeiter mit ins Boot zu holen, um die Verhafteten zu befreien. Der Demonstrationszug, der sich Richtung Gefängnis bewegte, wurde mit Waffengewalt gestoppt.

Die Unruhen mit Toten und Verletzten weiteten sich aus, und es wurden Soldatenräte gebildet, die die Macht in der Stadt übernahmen. Der Gouverneur, Vizeadmiral Souchon, hatte zuvor weitere Soldaten von außerhalb in die Stadt kommandiert, um den Aufstand zu beenden, hatte jedoch nicht damit gerechnet, dass er mit dieser Aktion Öl ins Feuer goss. Denn die neuen Truppen hatten nicht besseres zu tun, als zu großen Teilen überzulaufen und sich den Aufständischen anzuschließen.

Souchon wurde somit von seinen Untergebenen zu Verhandlungen gezwungen. Die Arbeiter traten in einen Generalstreik, um die Soldaten zu unterstützen und ihre Forderungen nach einem schnellen Frieden in Europa zu forcieren. Aus Berlin wurde der SPD-Politiker Gustav Noske von Reichskanzler Prinz Max von Baden nach Kiel geschickt, um die Lage zu beruhigen. In mehreren Gesprächsrunden verhandelten Noske, Souchon, Offiziere, Vertreter der Arbeiter und Soldaten über die Lage. Weitgehende politische Forderungen der Aufständischen wurden laut: Freie Wahlen, die Abdankung des Kaisers, die Entlassung der politischen Gefangenen. Zunächst wurde jedoch der Kieler 14-Punkte-Plan verabschiedet, der sich auf die Neuregelung der Militärhierarchie konzentrierte und nicht die Abdankung des Kaisers und freie Wahlen zum Inhalt hatte.

Noske löste Vizeadmiral Souchon ab und übernahm an seiner Stelle als neuer Vorsitzender des Soldatenrats das Kommando. Er arbeitete eng mit dem Chef des Arbeiterrats, Gustav Garbe, zusammen. Noske übernahm dann

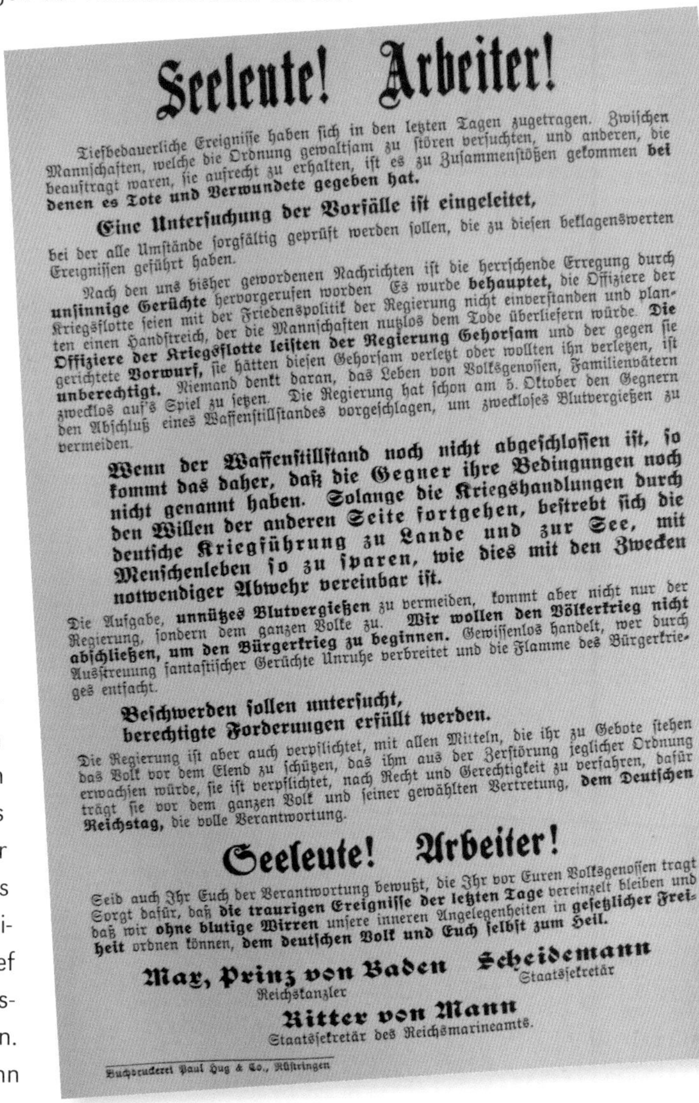

Seeleute! Arbeiter!

Tiefbedauerliche Ereignisse haben sich in den letzten Tagen zugetragen. Zwischen Mannschaften, welche die Ordnung gewaltsam zu stören versuchten, und anderen, die beauftragt waren, sie aufrecht zu erhalten, ist es zu Zusammenstößen gekommen **bei denen es Tote und Verwundete gegeben hat.**

Eine Untersuchung der Vorfälle ist eingeleitet, bei der alle Umstände sorgfältig geprüft werden sollen, die zu diesen beklagenswerten Ereignissen geführt haben.

Nach den uns bisher gewordenen Nachrichten ist die herrschende Erregung durch **unsinnige Gerüchte** hervorgerufen worden. Es wurde **behauptet,** die Offiziere der Kriegsflotte seien mit der Friedenspolitik der Regierung nicht einverstanden und planten einen Handstreich, der die Mannschaften nutzlos dem Tode überliefern würde. **Die Offiziere der Kriegsflotte leisten der Regierung Gehorsam** und der gegen sie gerichtete **Vorwurf,** sie hätten diesen Gehorsam verletzt oder wollten ihn verletzen, ist **unberechtigt.** Niemand denkt daran, das Leben von Volksgenossen, Familienvätern zwecklos auf's Spiel zu setzen. Die Regierung hat schon am 5. Oktober den Gegnern den Abschluß eines Waffenstillstandes vorgeschlagen, um zweckloses Blutvergießen zu vermeiden.

Wenn der Waffenstillstand noch nicht abgeschlossen ist, so kommt das daher, daß die Gegner ihre Bedingungen noch nicht genannt haben. Solange die Kriegshandlungen durch den Willen der anderen Seite fortgehen, bestrebt sich die deutsche Kriegführung zu Lande und zur See, mit Menschenleben so zu sparen, wie dies mit den Zwecken notwendiger Abwehr vereinbar ist.

Die Aufgabe, **unnützes Blutvergießen** zu vermeiden, kommt aber nicht nur der Regierung, sondern dem ganzen Volke zu. **Wir wollen den Völkerkrieg nicht abschließen, um den Bürgerkrieg zu beginnen.** Gewissenlos handelt, wer durch Ausstreuung fantastischer Gerüchte Unruhe verbreitet und die Flamme des Bürgerkrieges entfacht.

Beschwerden sollen untersucht, berechtigte Forderungen erfüllt werden.

Die Regierung ist aber auch verpflichtet, mit allen Mitteln, die ihr zu Gebote stehen das Volk vor dem Elend zu schützen, das ihm aus der Zerstörung jeglicher Ordnung erwachsen würde, sie ist verpflichtet, nach Recht und Gerechtigkeit zu verfahren, dafür trägt sie vor dem ganzen Volk und seiner gewählten Vertretung, **dem Deutschen Reichstag,** die volle Verantwortung.

Seeleute! Arbeiter!

Seid auch Ihr Euch der Verantwortung bewußt, die Ihr vor Euren Volksgenossen tragt. Sorgt dafür, daß **die traurigen Ereignisse der letzten Tage** vereinzelt bleiben und daß wir **ohne blutige Wirren** unsere inneren Angelegenheiten in **gesetzlicher Freiheit** ordnen können, **dem deutschen Volk und Euch selbst zum Heil.**

Max, Prinz von Baden
Reichskanzler

Scheidemann
Staatssekretär

Ritter von Mann
Staatssekretär des Reichsmarineamts.

Buchdruckerei Paul Hug & Co., Rüstringen

das Amt des Gouverneurs von Vizeadmiral Souchon. Lothar Popp folgte ihm als Vorsitzender des Soldatenrats. Nach einigen Tagen beruhigte sich die Lage in Kiel, auch weil Noske viele Soldaten in den Urlaub geschickt hatte.

Der Aufstand greift jedoch bald auf ganz Deutschland über, denn die aus Kiel abgereisten Soldaten gründeten überall örtliche Soldatenräte. Vor allem in Berlin überstürzten sich die Ereignisse, die dann zur Abdankung des Kaisers und die Gründung der Weimarer Republik führten.

In Kiel wurden am 10. und 11. November die Gefallenen des Aufstands unter großer Anteilnahme der Bevölkerung beigesetzt.

Auch heute noch sind die Erinnerungen an den Matrosenaufstand in der Stadt sichtbar: So erinnert seit 1982 das Denkmal „Wik" von Hans-Jürgen Breuste im Ratsdienergarten an die Ereignisse. An der sechs Meter hohen Granit-Stahl-Skulptur arbeitete der Künstler vier Jahre. Die drei Elemente bieten Raum für unterschiedliche Assoziationen: Sie erinnern an Kanonenrohre oder an rostige Schiffswände, die durchbrochen werden.

In der Legienstraße steht eine Gedenktafel am Gewerkschaftshaus, in der Feldstraße wird auf einer Tafel der Ort markiert, an dem es die ersten Todesopfer gab. Einige der Gefallenen sind auf dem Parkfriedhof Eichhof in Kronshagen am westlichen Stadtrand in der Ruhestätte der Opfer der Revolution beigesetzt. Weitere fanden ihre letzte Ruhestätte auf dem Nordfriedhof.

Im Kieler Schifffahrtsmuseum befindet sich eine Abteilung zum Thema Matrosenaufstand. Außerdem wurde der Bahnhofsvorplatz vor einigen Jahren in „Platz der Kieler Matrosen" umbenannt.

Schifffahrtsmuseum

KIEL VON A – Z

ANREISE/ABREISE

Mit dem Auto

Über die Autobahnen A 7, A 210 und A 215

Mit der Bahn

Der Hauptbahnhof liegt zentral in der Innenstadt. Von hier aus ist es nicht weit zur zentralen Touristeninformation, den Taxiständen, dem Fährhafen und den wichtigsten Bushaltestellen. Kiel ist an das ICE-Netz der DB angeschlossen. Darüber hinaus gibt es regelmäßige Verbindungen nach Hamburg, Lübeck und Flensburg mit der Regionalbahn.

Mit dem Schiff

Tägliche Fährverbindungen nach Oslo, Göteborg und Klaipeda. Wer zu den vier Kieler Terminals möchte, kann mit dem Taxi oder dem Bus fahren oder zu Fuß laufen (außer Ostuferhafen). Dazu folgt man der „blauen Linie". Die beginnt am Hauptausgang des Hauptbahnhofs. Folgen Sie einfach der blauen Markierung auf dem Gehweg.

Vier Terminals:

Ostseekai (rund 1,5 Kilometer vom HBF, Buslinien 41 Richtung Tannenberg, 42 Richtung Rungholtplatz, 61 Richtung Rungholtplatz und 62 Richtung Woltersweg).

Schwedenkai (zu Fuß in zehn Minuten erreichbar).

Norwegenkai (man geht in nur zehn Minuten über die Fußgängerbrücke „Hörnbrücke" gegenüber dem Hauptbahnhof zum Terminal).

Ostuferhafen (mit der Buslinie 11 in Richtung Dietrichsdorf fährt man bis zur

Station „Grenzstraße“ und läuft dann noch etwa 15 Minuten).

Mit dem Flugzeug

bis zum Hamburger Flughafen. Dort in den gelb-grünen Airportbus „Kielius“ umsteigen, der bis zu 19-mal pro Tag über Neumünster direkt nach Kiel fährt. Infos: www.bahn.de/autokraft

BOOTE

Kanuverleih

Schwentinetalfahrt. Kanu- und Ruderbootvermietung. Zwischen Mai und September können stundenweise Kanus und Ruderboote ausgeliehen werden. Schwimmwesten und wasserfeste Wertsachentonne im Preis inklusive. Montags Ruhetag.
An der Holsatiamühle, 24149 Kiel,
Tel. 04 31 72 24 28,
www.schwentinetalfahrt.de

Motorboote

Wer schon immer mal eine Regatta auf der Kieler Woche begleiten wollte oder einfach eine Fototour buchen möchte, ist hier richtig.

Kieler Förde Charter

Fliegender Holländer 1–3, 24159 Kiel,
Tel. 0 17 16 31 62 74,
www.kieler-foerde-charter-gmbh.de

FAHRRADVERLEIH

Umsteiger: Fahrrad-Parkhaus, Servicezentrale und Radstation.

Hier kann man Räder ausleihen, gegen eine geringe Gebühr unterstellen und Reparaturen vornehmen lassen. Außerdem Prospekte, Karten und Infos zu Radwegen, zum Schiffs-, Bus- und Bahnangebot.
Umsteiger,
Sophienblatt 29, 24114 Kiel,
Tel. 0 43 12 37 77 90, www.kiel.de

Fahrradverleih Kiel

Große Auswahl an Leihrädern – vom E-Bike bis zum Cityrad
Hamburger Chaussee 26, 24113 Kiel,
Tel. 0 43 16 66 70 75,
www.fahrradverleih-kiel.de

KINO

Die Pumpe. Denkmalgeschütztes Kulturzentrum. Hier gibt es (fast) alles: Kino (eher „kleine" Filme, kein Mainstream-Cinema), Kneipe, Bar, Disco, Live-Konzerte und Gastronomie.
Hassstr. 22, 24103 Kiel,
Tel. 0 43 12 00 76 40,
www.diepumpe.de

Traumkino. Kulturzentrum im Industriedesign. Dokumentationen, besondere Filme, Filme im Original mit deutschen Untertiteln.
Grasweg 19, 24118 Kiel,
Tel. 04 31 54 44 50,
www.traumgmbh.de
Mit Restaurant. Hier trifft Fabrikcharme auf Gemütlichkeit. Reservierungen unter Tel. 04 31 54 44 50

KIEL IM INTERNET

www.kiel.de
Offizielle Website der Landeshauptstadt

www.kiel-sailing-city.de
Gute Infos rund um das Thema Urlaub und Freizeit

www.kn-online.de
Online-Angebot der Tageszeitung „Kieler Nachrichten"

www.portofkiel.com
Hier findet man alles Wissenswerte rund um den Hafen.

www.kieler-woche.de
Alle Infos und Hintergründe zum größten Segelevent der Welt

MEDIZINISCHE VERSORGUNG

Uniklinik Schleswig-Holstein Campus Kiel

Arnold-Heller-Str. 3, 24103 Kiel,
Tel. 04 31 50 00, www.uksh.de

Städtisches Krankenhaus Kiel

Chemnitzstr. 33, 24116 Kiel, Tel. 0 43 11 69 70, www.krankenhaus-kiel.de

ÖPNV

Der öffentliche Personennahverkehr wird in der schleswig-holsteinischen Landeshauptstadt von der Kieler Verkehrsgesellschaft KVG betrieben, die sich zu 100 % im Besitz der Stadt befindet. Die KVG betreibt 36 Linien und fünf Nachtbuslinien und fährt rund 770 Haltepunkte im Stadtgebiet an. Sie befördert im Jahr rund 33 Millionen Fahrgäste. Dabei werden knapp 200 Linienbusse eingesetzt.

Eine Einzelfahrkarte für einen Erwachsenen für den Großraum Kiel kostet 2,60 Euro (Stand: Anfang 2019); eine Tageskarte 7,80 Euro. Eine Kleingruppentageskarte für maximal fünf Personen kostet 14 Euro.

POLIZEI

Direktion Kiel, Gartenstr. 7, 24103 Kiel,
Tel. 04 31 16 00

RESTAURANTS, CAFÉS UND KNEIPEN

Ann

Japanisch-koreanisches Restaurant. Nach eigenen Angaben der einzig „echte" Japaner in ganz Schleswig-Holstein. Hervorragende frische Küche, nicht ganz billig. Mittags- und Abendtisch, Samstag Ramen-Tag. Sonntags und Montag mittags geschlossen.
Holtenauer Str. 158, 24105 Kiel,
Tel. 0 43 13 94 78 63,
www.annrestaurant.com

Blé Noir

Französische Küche am Blücherplatz. Ob Crêpes oder Cassoulet von der Ente – die Auswahl ist groß. Überwiegend Bioprodukte. Außerdem französische Feinkost zum Mitnehmen. Mo/Do ab 8 Uhr Mi/Fr/Sa/So ab 9 Uhr.
Blücherplatz 15, 24105 Kiel,
Tel. 04 31 90 89 83 46,
www.blenoir-kiel.de

Deichperle

Am Falckensteiner Strand in Kiel-Friedrichsort. Café und Bistro. Tolle Lage, nette Atmosphäre, leckere Fischbrötchen.
Deichweg 24, 24159 Kiel,
Tel. 0 43 17 75 47 54,
www.deichperle-kiel.de

Fischers Fritz

Frischer Fisch und schleswig-holsteinische Gerichte, die in der offenen Küche zubereitet werden. Dazu sehr gute deutsche Weine. Gehört zum Hotel Birke.
Martenshofweg 2–8, 24109 Kiel,
Tel. 0431-53 31 30 0,
www.hotel-birke.de

Hafenwirtschaft

Das über 270 Jahre alte ehemalige Kanalpackhaus ist heute ein Restaurant mit bodenständiger Küche. Eine ungewöhnliche Location.
Kanalstr. 65, 24159 Kiel,
Tel. 04 31 90 89 67 15,
www.hafenwirtschaft-kiel.de

Kieler Brauerei

Restaurant und Braukeller mit besonderer Atmosphäre. Vom Restaurant aus kann man in den Braukeller schauen. Zentrale Lage.

Alter Markt 9, 24103 Kiel,
Tel. 04 31 90 62 90,
www.kieler-brauerei.de

Längengrad

Das Restaurant befindet sich auf dem Dach von Deck 4 des Schwedenkais. Von hier aus ist man den großen Pötten ganz nah. Schöne Sonnenterrasse. Von Tapas bis Fisch, von Salaten bis Fleisch bietet die Karte für jeden etwas.
Schwedenkai 1, 24103 Kiel,
Tel. 04 31 99 04 87 77,
www.laengengrad-kiel.de

Café Luna

Gemütliche Atmosphäre wie im eigenen Esszimmer. Frühstück, hausgemachte Torten und Kuchen und auch einige herzhafte Speisen stehen auf der Karte.
Schönberger Str. 6, 24148 Kiel,
Tel. 04 31 21 07 06 65,
www.lunacafe.de

SCHIFFSTOUREN

Mit dem Fördeschiff erlebt man Kiel von der Wasserseite auf einer zweistündigen Hafenrundfahrt. Die Fahrt startet am Anleger Bahnhofsbrücke. Die Termine: zwischen Mai und Oktober täglich um 11, 13 und 15 Uhr. Erwachsene 10 Euro, Kinder 5 Euro, Familienkarte 20 Euro. Buchung unter Tel. 04 31 67 91 00.

FÖRDEFAHRT NACH LABOE

Vom 87 Meter hohen Marine-Ehrenmal genießt man einen unvergleichlichen Blick auf die Küstenlandschaft. Danach folgt Geschichte zum Anfassen. Am Strand kann man das U-Boot 995 besichtigen und einen Eindruck bekommen, wie beschwerlich das Bordleben 1943 war. Auch diese Fahrt startet zwischen Mai und Oktober an der Bahnhofsbrücke täglich um 11 und 13 Uhr. Erwachsene zahlen 35 Euro.

SHOPPING

Kiel bietet als Großstadt und Landeshauptstadt die ganze Palette an Einkaufsmöglichkeiten: Von der Shoppingmeile über die Fußgängerzone bis zu den kleinen besonderen Geschäften in der Altstadt.

Sophienhof

Das Einkaufszentrum gegenüber dem Hauptbahnhof ist nicht zu übersehen. Hier findet man fast alles auf einem Fleck. Vor wenigen Jahren umfassend saniert, finden sich hier 120 Geschäfte, Restaurants, Cafés und mehr.
Sophienblatt 20, 24103 Kiel,
Tel. 04 31 67 30 44,
täglich 10–20 Uhr geöffnet.

Mit dem Sophienhof ist die Quer-Passage verbunden. Hier finden sich zahlreiche Fachgeschäfte, aber auch ein großer C & A und die Buchhandlung Hugendubel mit einer sehr großen Verkaufsfläche.

Querpassage

Herzog-Friedrich-Str. 30, 24103 Kiel,
Tel. 0431-67 30 44

Holstenstraße

Die wichtigste Einkaufsstraße der Stadt. 1957 wurde sie zur ersten reinen Fußgängerzone in Deutschland. Hier finden Besucher zahlreiche Fachgeschäfte, kleine Einkaufspassagen und jede Menge Gastronomiebetriebe.
Holstenstraße, 24103 Kiel

Dänische Straße

In der Kieler Altstadt reihen sich Boutiquen und Fachgeschäfte aneinander.
Infos: www.altstadt-kiel.de

Holtenauerstraße

Hier findet sich eine Reihe von ungewöhnlichen Geschäften. Gute Parkmöglichkeiten und zwischendrin immer wieder ein Café oder ein Bistro. Jeden Freitag gibt's die „Holtenauer Spätschicht" mit verlängerten Öffnungszeiten bis 22 Uhr. So manches Geschäft lässt sich etwas Besonderes einfallen. Da kann schon mal ein DJ auflegen.
Infos: www.die-holtenauer.de
Holtenauerstraße, 24105 Kiel

MODE

Hutmode Willer

Das Fachgeschäft fertigt individuelle Hüte nach alter Tradition. Daneben Schals, Handschuhe und Taschen.
Dänische Str. 36, Mo–Fr 10–19 Uhr, Sa 10–16 Uhr, Tel. 04 31 94 95 3, www.hutmode-willer.de

Heidrun Schloen

Ein kleiner, feiner Modeladen von Jeans bis Cashmere.
Dänische Str. 18, 24103 Kiel, Tel. 0 43 16 66 89 90, www.heidrun-schloen.de, Mo–Fr 10–19 Uhr, Sa 10–16 Uhr

Küstenmädchen

Ausgefallene nordische Mode. Kleine Labels, die noch nicht jeder kennt, die noch erschwinglich sind und die zugleich eine gute Qualität haben.
Holtenauer Str. 29, Tel. 0431-38 54 88 60, www.kuestenmaedchen.de, Mo–Fr 10–19 Uhr, Sa 10–16 Uhr

MUSIK

Ruth König Klassik

CDs und DVDs vorwiegend aus den

Bereichen Klassik und Jazz. Darunter Raritäten.
Dänische Str. 7. 24103 Kiel,
Tel. 0 43 19 52 80,
www.ruth-koenig-klassik.de,
Mo–Fr 10–18.30 Uhr, Sa 10–16 Uhr

SCHMUCK

Das Schmuckwerk

Atelier für Gold, Silber, Edelsteine und Trauringe. Die Stücke werden in der eigenen Meisterwerkstatt hergestellt.
Knooper Weg 169, Di–Fr 10–18 Uhr, Sa 10–16 Uhr, Tel. 0 43 18 99 97 23,
www.das-schmuckwerk.de

SCHUHE

Aumann Authentics

Handgefertigte Schuhe kleiner spanischer Manufakturen. Daneben Accessoires wie Taschen.
Holtenauer Str. 64,
Tel. 0 43 12 32 07 55,
www.aumann-schuhe.de,
Mo–Fr 10–18.30 Uhr, Sa 10–16 Uhr

LIFESTYLE

Kaufrausch. Trendiges Sortiment mit Produkten aus ganz Europa. Artikel für Küche, Wohnung, Garten und Büro.
Holtenauer Str. 30,
Tel. 04 31 88 70 32 85,
Mo–Fr 10–19 Uhr, Sa 10–18 Uhr

STADTFÜHRUNGEN

Die schleswig-holsteinische Landeshauptstadt lässt sich auf ganz unterschiedliche Art entdecken. Hier einige Vorschläge:

1. Innenstadt-Rundgang

Hier lernen Sie die interessantesten Sehenswürdigkeiten, Plätze und Museen im City-Bereich kennen. Dauer: etwa zwei Stunden. Preis: Erwachsene 9,50 Euro, Kinder zahlen die Hälfte. Treffpunkt an der Touristenzentrale Andreas-Gay-Str. 31, Mai – September immer mittwochs um 14 Uhr.

2. Blücher-Tour

Kulinarische Stadtführung. Hier kann man probieren und dabei staunen, wie vielfältig das kulinarische Angebot in der Fördestadt ist. Dauer: etwa drei Stunden. Preis: Erwachsene 33 Euro, Kinder 20 Euro. Treffpunkt: Wird nach der Buchung bekannt gegeben.

3. Segway-Tour

Bequem auf zwei Rädern entlang der touristischen Highlights. Vorkenntnisse für die Teilnahme sind nicht notwendig. Dauer: etwa zwei Stunden. Preis: Erwachsene 50 Euro. Ganzjährig, jedoch wetterabhängig. Während der turbulenten Kieler Woche finden keine Touren statt.

4. Tatort-Radtour

Auf die Spuren von Tatortkommissar Axel Milberg alias Klaus Borowski begeben sich die Teilnehmer auf dieser Radtour und erfahren spannende Hintergründe zu den einzelnen Tatorten. Dauer: etwa 5–6 Stunden. Preis: 24,50 Euro inkl. Kaffee und Kuchen. Beginn: 12 Uhr. Termine auf Anfrage zwischen Mai und Oktober.

Buchungen: Tourist Information,
Andreas-Gayk-Str. 31, 24103 Kiel,
Tel. 04 31 67 91 00

TAXI

Kieler Funk-Taxi-Zentrale,
04 31 68 01 01

THEATER

Die drei Spielstätten sind unter dem Dach des „Theater Kiel" vereint und bieten eine breite Palette von Oper, Musiktheater, Schauspiel bis Ballett und Kinder- und Jugendtheater an.
Infos unter: www.theater-kiel.de

Opernhaus, Rathausplatz 4,
24103 Kiel, Tel. 04 31 90 19 01

Schauspielhaus, Holtenauer Str. 103,
24105 Kiel, Tel. 04 31 90 19 01

Theater im Werftpark, Ostring 187a,
24143 Kiel, Tel. 0 43 19 01 12 00

TOURIST INFORMATION

Andreas-Gayk-Str. 31, 24103 Kiel,
Tel. 04 31 67 91 00,
www.kiel-sailing-city.de

ÜBERNACHTUNG

Atlantic Hotel

Zentrale Lage an der Förde. Das Komforthaus der gehobenen Kategorie verfügt über das, was Gäste in dieser Preislage auch erwarten: Restaurant, Rooftop-Bar, Wellnessbereich, Konferenzmöglichkeiten.
Raiffeisenstr. 2, 24103 Kiel,
Tel. 04 31 37 49 90,
www.atlantic-hotels.de

Maritim Hotel Bellevue Kiel

Wie der Name verrät, liegt das Haus direkt am Wasser und gewährt einen schönen Bick über die Förde. Mit Restaurant, Bar, Pool und Sauna.
Bismarckallee 2, 24105 Kiel,
Tel. 0431-38 94 0,
www.maritim.de

Romantikhotel Kieler Kaufmann

Elegante 4-Sterne-Herberge in einem Herrenhaus von 1911 in parkähnlichem Garten. Mit zwei Restaurants, Bar und Spa.
Niemannsweg 102, 24105 Kiel,
Tel. 0 43 18 81 10
www.kieler-kaufmann.de

Hotel Düvelsbek garni

Schönes Marinehaus aus dem Jahr 1903. Familiengeführtes Hotel mit modernen Zimmern und reichhaltigem Frühstücksbuffet.
Feldstr. 111, 24105 Kiel,
Tel. 04 31 88 66 70,
www.hotel-duevelsbek.de

Hotel Kieler Kaufmann

Hotel Kieler Yacht Club
Das Haus diente während der Olympischen Spiele 1972 als Gästehaus für VIPs. Schöner Blick über die Förde. Restaurant und Bar.
Kiellinie 70, 24105 Kiel,
Tel. 0 43 18 81 30,
www.atlantic-hotels.de

Peanuts Hostel
Kleines gemütliches Hostel in zentraler Lage. Mit acht Betten das kleinste Hostel der Stadt. Gästeküche und Wohnzimmer mit Büchern und Spielen. Nette Atmosphäre.
Harriesstr. 2, 24114 Kiel,
Tel. 01 57 82 77 59 02,
www.peanuts-hostel.de

DJH Jugendherberge Kiel
Typischer Herbergscharme mit Einzel-, Doppel- und Mehrbettzimmern und Gratisfrühstück. Terrasse.
Johannesstr. 1, 24143 Kiel,
Tel. 04 31 73 14 88,
www.kiel.jugendherberge.de

VERANSTALTUNGEN

Kieler Woche
Mehr als 2.000 Veranstaltungen zu Wasser und zu Land machen die Kieler Woche Jahr für Jahr im Sommer zum weltgrößten Segel-Event. Mehr als drei Millionen Besucher aus aller Welt lassen sich dieses maritime Großereignis nicht entgehen.
Aktuelle Infos unter: www.kieler-woche.de

Kieler Umschlag
Jedes Jahr im Vorfrühling findet für eine Woche das älteste Volksfest Kiels statt. Es geht zurück auf das 15. Jahrhundert, als Kaufleute und Adlige aus dem ganzen Land anreisten, um Geldgeschäfte zu betreiben. Nach anstrengenden Finanzgeschäften ging das Ganze dann in ein buntes Volksfest über.

Alljährliche Attraktion: Der Weihnachtsmarkt auf dem Rathausplatz (dt … wenn man mich fragen würde, warum ich ihn liebte, fühle ich, dass ich das nur so ausdrücken könnte, indem ich sagte: weil er es war, weil ich es war).

Montaigne ist durch seine Empathie vielleicht der menschlichste Philantrop, Humanist und Philosoph der Aufklärung. Er schreibt klar und ohne Umschweife selbstkritisch von seinen eigenen Schwächen und den Stärken anderer Menschen in seinen Essais. Wirkliche Liebe hatte er nur zu de La Boétie empfunden. Er erklärt in seinem Essay *De l'amitié*:

„Wir suchten uns, ehe wir uns kannten, was wir voneinander hörten, regte unsere Zuneigung stärker an, als es durch den Inhalt unserer Beziehung begreiflich erscheint. Ich glaube an einen himmlischen Machtspruch, der uns vereinte. Unsere Namen schon grüßten sich aus der Ferne. Bei unserer ersten, zufälligen Begegnung (…) fühlten wir uns sofort zueinander hingezogen, so miteinander bekannt und verbunden, dass wir von da an nur noch ein Herz und eine Seele waren."

Mit dem Essay *Über die Freundschaft* setzt Montaigne seinem verstorbenen Freund ein Denkmal (…) er beschreibt die sexuelle Leidenschaft als launisch (…) im Gegensatz dazu schafft die Freundesliebe eine alles durchdringende dabei gleichmässig wohlige Wärme. Der griechischen Liebe kommt dagegen nicht die hier geforderte vollkommene Übereinstimmung und Seelenharmonie zu (…) angesichts des Altersunterschieds und der ungleichen sexuellen Rollen könne die Päderastie niemals an die Freundschaft als einer Praxis unter Gleichen heranreichen", meint Robert Aldrich in seinem Buch *Gleich und anders*.

Michel de Montaigne

Montaigne selbst sagt: „Unsere Seelen sind ihren Weg so einig zusammen gegangen, sie haben sich so liebevoll ineinander versenkt und waren bis auf den Grund so ohne Geheimnisse voreinander, dass ich ihn nicht nur innerlich so genau kannte, wie mich, sondern dass ich, wenn es um mich ging, lieber auf ihn, als auf mich baute."

Zum Schluss schreibt Montaigne: „Wenn ich mein ganzes Leben vergleiche mit den vier Jahren, in denen es mir vergönnt war, das beglückende Zusammensein, die süße Gemeinschaft mit dieser seltenen Persönlichkeit auszukosten, so erscheint es mir wie ein bloßer Rauch, wie eine müde finstere Nacht. Seit dem Tag, an dem ich ihn verlor, ist mein Leben nur noch ein Dahinsiechen, selbst die Freuden, die sie mir noch bieten, können mich nicht trösten, sondern vermehren nur den Schmerz, dass ich ihn verloren habe; wir teilten alles, es ist mir, als ob ich ihn um seinen Anteil brächte ..."

Erst der frühe Tod des Freundes habe Montaigne veranlasst, seine Essais, diese Reflektionen über das Leben der Menschen zu schreiben, meint der italienische Historiker und Journalist Corrado Augias. Der junge de LaBoétie hatte an der Universität von Orléans die italienischen Humanisten Valla und Poliziano studiert, Plutarch und Vergil übersetzt und seine später berühmte Schrift *De la servitu volontaire* verfasst. Darin legt er u. a. dar, wie die eigentlich freien Menschen sich allzu gern in eine bequeme Abhängigkeit begeben, einem „Starken" folgen, der sie mit Vergünstigungen oder „Brot und Spielen" berauscht und entmündigt. Augias hält die Thesen von de LaBoétie für immer noch aktuell z. B. in der italienischen Gesellschaft, damals bei Mussolini und 50 Jahre später bei Berlusconis Partei, deren mit Pfründen geköderte Abgeordneten ihrem *presidente* unkritisch folgten. (C. Augias: *Il disagio della libertà*).

Montaigne widmet seine *Essais* dem Angedenken an seinen 1563 mit nur 32 Jahren verstorbenen Freund. Er veröffentlicht den Text *De la servitude volontaire* (dt. *Die freiwillige Unterordnung*), den de LaBoétie als 18-Jähriger verfasst hatte, posthum. Mit dieser *hommage* wollte er ihrer beider Verbindung und die Übereinstimmung ihrer Geisteshaltung dokumentieren.

Der sonst spöttische Voltaire sagte: *Montaigne est un homme qui sera toujours aimé* (dt. der ein Mann ist, der immer geliebt werden wird).

William Shakespeare und „the fair youth".

Eines der schönsten Sonette, das 116., lautet:

Let me not to the marriage of true minds
Admit impediments. Love is not love
Which alters when it alteration finds,
Or bends with the remover to remove:
O, no, it is an ever-fixed mark,
That looks on tempests and is never shaken;
It is the star to every wandering bark,
Whose worth unkbown, although his height be taken.
Love's not time's fool, though rosy lips and cheeks
Within his bending sickle's compass come;
Love alters not with his brief hours and weeks,
But bears it out even to the edge of doom.
If this be error and upon me proved
I never writ, nor no man ever loved.

Auf dem Cover des alten Taschenbuchs der *Exempla Classica* ist ein Faksimile mit Shakespeares Unterschrift „The Sonnets" *„Let me not to the marriage of true minds admit impediments …"*

Diese Unverbrüchlichkeit der Liebe wird von Shakespeare entschieden herrlich gepriesen. Dagegen scheint Goethes Liebeslyrik unverbindlicher, unentschieden. Goethe kannte Shakespeares Sonette wohl noch nicht. Später beschrieb sie August Wilhelm Schlegel als „jugendliche Verwirrungen", während der englische Dichter William Wordworth 1809 meinte, Shakespeare, der in seinen Dramen die Figuren sprechen lässt, spräche in diesen Versen selbst und „schließt in den Sonetten sein Herz auf".

Im Jahr 2014 wurde der 450. Geburtstag von William Shakespeare gefeiert. Auch wenn sich Experten immer wieder darüber strei-

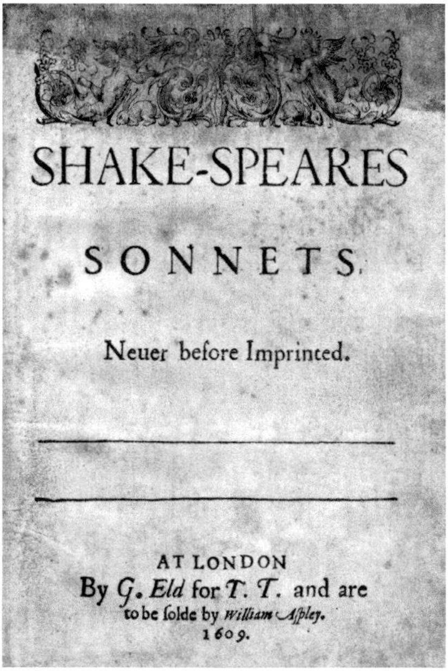

SHAKE-SPEARES

SONNETS.

Neuer before Imprinted.

AT LONDON

By *G. Eld* for *T. T.* and are to be solde by *William Aspley*.

1609.

Titelblatt Sonnets von 1609

ten, ob William Shakespeare oder kurz „W. S.", Autor all der 38 Theaterstücke gewesen ist, die seinen Namen tragen, so ist seine Autorenschaft für die „Sonette" weitgehend unstrittig.

In den Sonetten gehört zum „Ich" des Autors das „Du" des Gegenüber, eines geliebten Menschen. Viele, wenn auch nicht alle der 154 Sonette sind an einen geliebten Mann, *„fair youth"* oder auch *„sweet boy"* gerichtet. Nur wer der Adressat gewesen ist, weiß man bis heute nicht genau. Der junge Earl of Southampton, als besonders wohlgestaltet beschrieben und Gönner Shakespeares wird vermutet. Shakespeare hatte ihm schon seine Ballade *Venus und Adonis* gewidmet, etwas weitschweifig, wortreich auf Anerkennung hoffend. Offensichtlich mit Erfolg, denn die Widmung zur *Schändung der Lukrezia* ein Jahr später, beginnt knapp und entschieden: *„The love which I dedicate to your lordship is without end…"*

Der *„sweet boy"* hat in einem überlieferten Porträt des Earl of Southampton ein feines Gesicht, „weichgezeichnet", ähnlich wie das verbürgte Porträt von Chistopher Marlowe *(s. Seite 30)*, das bis heute in seinem College in Cambridge hängt. Vielleicht waren diese geschönten Porträts in der Zeit üblich, andererseits waren die Porträtierten ja junge Männer, kaum über zwanzig.

Und die ominöse *„dark lady"* der Sonette? Vielleicht war sie die aus Venedig stammende dunkelhäutige Musikerin, deren Finger der Dichter den Tasten des Spinetts überlässt, nicht aber ihre Lippen.

36

Let me confess that we two must be twain,
Although our undivided loves are one:
So shall those blots that do with me remain,
Without thy help, by me be borne alone.
In our two loves there is but one respect,
Though in our lives a separable spite,
Which though it alter not love's sole effect,
Yet does it steal sweet hours from love's delight.
I may not evermore acknowledge thee,
Lest my bewailed guilt should do thee shame,
Nor thou with public kindness honour me,
Unless thou take that honour from thy name,
But do not so; I love you in such sort,
As thou being mine, mine is thy good report.

Ich weiß, wir müssen zwei sein, du und ich,
Obschon untrennbar eins in unserem Lieben,
So will ich auch allein und ohne Dich,
Die Flecken tragen, die mir haften blieben.
In unserer Liebe herrscht nur ein Betracht,
In unserem Leben herrscht entzwei'nde Tücke,
Die zwar nichts ändert an der Liebe Macht
Doch süsse Stunden raubt dem Liebesglücke,
Ich darf nicht mehr Dich kennen – meine Schuld,
die viel beweinte würde sonst Dich schänden –,
Noch Du mir Ehr antun mit offener Huld,
Du würdest Deinem Ruf die Ehr' entwenden.
Nein, tu das nicht; weil Du so lieb mir bist
Dass wie Du mein, mein auch Dein Leumund ist.*

* Die drei Sonette sind zitiert nach der Quarto-Ausgabe von 1609, ins deutsche übertragen 1871 von Otto Gildemeister

18

Shall I compare thee to a summer's day
Thou art more lovely and more temperate,
Rough winds do shake the darling buds of May,
And summer's lease has all too short a date:
Sometimes too hot the eye of heaven shines,
And often is his gold complexion dimm'd;
And every fair from fair sometimes declines,
By chance or nature's changing course untrimm'd;
But thy eternal summer shall not fade,
Nor lose possession of that fair thou ow'st;
Nor shall death brag thou wanders't in his shade,
When in eternal lines to time thou grow'st:
So long as men can breathe, or eyes can see,
So long lives this, and gives life to thee.

Vergleich ich Dich mit einem Sommertage?
Er ist so lieblich nicht und so gelind;
Der Sturm zerzaust des Maien Blütenhage,
Und allzu bald des Sommers Pracht zerrinnt.
Oft strahlt zu heiß des Himmels Aug hernieder,
Und manchmal ist sein Goldblick trübe nur,
Und jede Schönheit weicht vom Schönsten wieder
Durch Zufall oder Wandel der Natur.
Nie aber wird dein ew'ger Sommer schwinden,
Noch jene Schönheit missen, die Du hast;
Nie wird der Tod im Schattenreich Dich finden
Wann sich die Zeit in ew'ge Verse fasst.
Solang noch Menschen atmen, Augen sehn,
Lebt dies und gibt Dir Leben und Bestehn.

Das *enigma* Shakespeare hat kreative Künstler unsere Tage immer wieder inspiriert. „Shakespeare in Love", vor 20 Jahren ein großer Filmerfolg, war eine gut gemachte romantische Fantasie, wie Shakespeare (Joseph Fiennes) von einer Viola (Gwyneth Paltrow) historisch korrekt im Knabenköstüm, als Schauspielerin der Truppe den Dichter zum Schreiben von „Romeo und Julia“ inspiriert. Dabei ist historisch verbürgt, dass die Geschichte der Liebenden von Verona schon 30 Jahre früher ins Englische übersetzt und also sicherlich Shakespeare bekannt war. Auch wenn die fantastische Gwyneth Paltrow im Knabenkostüm auftritt, will das Drehbuch von Sam Stoppard vergessen lassen, was auch viele Forscher und Biographen nicht sehen wollen: Shakespeare hat – auch – junge Männer geliebt. Es fällt vielen Experten schwer, ihre eigenen sexuellen Wertvorstellungen bei ihrer Forschungsarbeit hintanzustellen. Shakespeares ambivalente Sexualität, in vielen Bühnenfiguren sichtbar, ist wohl eine richtige Einschätzung seiner Person.

Wer die Sonette mit Gefühl und offenem Herzen liest, wie dies auch Oscar Wilde, André Gide und W. H. Auden bestätigen, hat über Shakespeares Neigungen wenig Zweifel.

Roland Emmerichs Film *Anonymous*, ein Hollywood Erfolgskrimi mit Vanessa Redgrave als Elisabeth I. versucht in diesen Tagen die inzwischen eigentlich widerlegte These aufzuwärmen, dass Shakespeare unmöglich all diese Dramen verfasst haben könnte.

Neun der Sonette, darunter das folgende *Take all my Loves*, hat der amerikanische Sänger und Komponist Rufus Wainright in dem für ihn typischen Mix aus Rock-Pop und Klassik zu einem Album mit Gesang, Soloinstrumenten und Orchester zusammengestellt, „eine himmlische Hochzeit“, meint er. Er hat das Album im April 2015 zu Shakespeares 400. Todestag in Berlin vorgestellt. Zu Berlin hat er eine besondere Affinität, seit er 2009 am Berliner Ensemble für die Produktion „Die Shakespeare Sonette“ des Theatermachers Robert Wilson die Musik schrieb. Dabei hat Wainright auch seinen Partner Jörn kennengelernt mit dem er seit 2012 verheiratet ist. Auf dem Cover zeigt sich Wainright in einem Porträtfoto kostümiert als Elisabeth I.

40

Take all my loves, my love, yea, take them all,
What hast thou then more than thou hadst before?
No love, my love, that thou mayst true love call;
All mine was thine before thou hadst this more.
Then, if for my love thou my love receivest,
I cannot blame you for my love thou usest;
But yet be blam'd, if thou thyself deceivest
By wilful taste of what thyself refusest.
I do forgive thy robbery, gentle thief,
Although thou steal thee all my property;
And yet, love knows, it is a greater grief
To bear love's wrong than hate's known injury.
Lascivious grace, in whom all ill well shows,
Kill me with spites; yet we must not be foes.

Nimm all mein Liebstes, Lieber, ganz und gar;
Was hast Du mehr dadurch, als schon vorher?
Nicht Liebe, Lieber, Liebe treu und wahr;
All meine war ja dein vor diescm Mehr.
Liebst Du denn meine Lieb um meinetwillen,
So brauchst Du meiner Lieb, und es ist gut;
Gut aber nicht, wenn Du verführt durch Grillen,
Das schmeckst, was Du verwirfst aus Übermut.
Der Diebstahl sei verziehn dem teuern Diebe,
Obschon er mir all meine Armut stiehlt;
Und doch weiß Liebe, dass Kränkung der Liebe
Viel tiefer schmerzt als Hass, der offen zielt.
Anmut'ge Sünd, im Freveln reizend noch,
Martre mich tot, wir bleiben Freunde doch.

Shakespeare hat nicht nur in den Sonetten, sondern vor allem in seinen Stücken dem traditionellen Rollenverständnis von starken

Männern und schwachen Frauen ein anderes, umfassenderes Menschenverständnis gezeigt.

Christopher Marlowe, 1585

Die Spieltradition des Theaters seinerzeit, als alle Frauenrollen von Männern dargestellt wurden, bot Anlass zu Missverständnissen vielerlei Art, beabsichtigten und unbeabsichtigten Mehrdeutigkeiten innerhalb der Geschlechterrollen. Davon zeugen die Shakespeareschen Komödien, daraus beziehen sie nicht selten ihren Witz, und das Publikum weiß vieles vorher schon besser, als die Figuren auf der Bühne.

Seit Sarah Bernhardt haben einige Schauspielerinnen in Umkehrung dieser Spieltradition die Hosenrolle angenommen und sind auf der Bühne Hamlet gewesen; die Figur des Hamlet ist so sehr Mensch in seinen Zweifeln und Konflikten, dass das Geschlecht zweitrangig scheint.

Kenneth Branagh, in Weimar zum Präsidenten der schon 150 Jahre existierenden Shakespeare Gesellschaft ernannt, ist der profilierteste Shakespeare-Darsteller unserer Tage. Er hat auch eine lange Erfahrung als Theater- und Filmregisseur vieler Shakespeare-Stoffe. Branagh gehört zu den Männern, die in jungen Jahren etwas pummelig und nicht so attraktiv waren. In den letzten Jahren, seit er älter ist, schlank und drahtig gewinnt Branagh an überzeugender physisch-erotischer Ausstrahlung, an Ideen und geistiger Freiheit

Mutmaßlich ein Portrait Shakespeares?, Abbildung aus *The Herbal and General history of Plants*, 1597

mit der er auch die ambivalente Sexualität der Shakespeare-Männer herausstellt.

Erst 2015 taucht das Porträt eines Mannes mit Lorbeerkranz aus *The Herbal and General history of Plants* von 1597 auf. Mehrere Experten wollen das Porträt des 33-jährigen Shakespeare erkennen, der im Halbprofil mit gezwirbelten Schnurbart am Betrachter selbstbewusst ernst vorbei sieht. Andere angebliche Shakespeare Portraits zeigen den reiferen Mann mit hoher Stirn und einem Ring im linken Ohr.

Michelangelo Buonarotti und Tommaso Cavalieri

„Mindestens seit 100 Jahren steht Michelangelo zu Recht am Kopf der Liste der ‚berühmten Homosexuellen' ", schreibt der Journalist Giovanni Dall'Orto etwas flapsig, „wer, wenn nicht er, hat in seiner Kunst eine so starke, fast übertriebene Leidenschaft für den männlichen Körper gezeigt und war gleichzeitig so wenig sensibel gegenüber der weiblichen Figur. Er war es, der in glühenden Sonetten seine brennende Leidenschaft für eine ganze Schar von Jünglingen so ausgedrückt hat, dass später Generationen von Studenten eröteten."

Am bekanntesten ist Michelangelos Fresko aus der Sixtinischen Kapelle die „Erschaffung des Adam". Der liegt in lasziver Schönheit nackt, sein Körper dem Betrachter zugewandt, auf dem Boden den Blick und einen Arm zu Gottvater gerichtet. Dieser, von oben ins Bild geschwebt mit Engeln im Hintergrund, dominiert scheinbar das Bild, doch macht der zu Adam ausgestreckte Arm mit Gottes Hand, die Adams gleich berühren wird, deutlich, dass es hier um die „Erschaffung Adams" geht.

Zwar hegt Michelangelo auch gegenüber der adligen Dame Vittoria Colonna liebevolle Gefühle, aber leidenschaftlich zugetan war er nur jungen Männern. „Der nackte Körper bleibt in jedem Lebensstadium des Divino der Mittelpunkt seines plastischen Bildens, wie seines Zeichnens," meint der Kunsthistoriker Harald Keller.

David von Michelangelo

Als Michelangelo im Winter 1532/'33 den 23-jährigen Tommaso de Cavalieri als Zeichenschüler annimmt, beginnt für den schon fast 60-Jährigen eine Freundschaft, die bald dreißig Jahre bis an sein Lebensende währte. Ein Jahr später übersiedelt Michelangelo endgültig von Florenz nach Rom, wo er bis zu seinem Lebensende arbeiten wird. Viele Gedichte und Zeichnungen sind Tommaso gewidmet, der bis zu Michelangelos Tod seine große Liebe bleibt. Für ihn hatte Michelangelo Zeichnungen der Figuren des „Jüngsten Gerichts" gemacht, „sehnsüchtige Federzeichnungen jugendlicher Helden, fließend die Grenzen zwischen David, Apoll und Merkur" (Harald Keller). Von seinen über 360 Figuren der Sixtinischen Kapelle existieren keine Zeichnungen, weil Michelangelo in zwei großen Aktionen alle Vorzeichnungen – wohl aus Angst vor Kopisten – zerstörte. Von seinen Zeichnungen sind nur solche erhalten, die er vor allen an Tommaso verschenkt hatte.

Tommaso de Cavalieri widmet er u. a. dieses Sonett:

Mit Deinen Augen schau ich holdes Licht,
Wie meine blinden Augen niemals sahn
Mit Deinem Fuß, was meiner nie getan,
Spür ich Erlahmender die Lasten nicht.
Auf Deinen Flügeln, ob's mir auch gebricht
Am Glanzgefieder, mess' ich die Himmelsbahn,
Rot oder bleich, im Winter heiß, zum Wahn,
Dem Sommer kalt machst Du mein Angesicht.
In Deinem Willen festigt sich mein Wollen
Mein Denken strömt aus Deines Herzens Blut,
Und meine Sprache lebt von Deinem Atem.
Allein gleich ich dem Mond, in dessen vollen
Strahlen das Widerspiel der Sonne ruht,
Ihr Licht erblicken wir in seinem Schein.

Ohne Zweifel hat Michelangelo seine Liebe für Tommaso nicht nur in den Sonetten, sondern auch in Zeichnungen und Plastiken ausgedrückt; er feiert die Schönheit des männlichen Körpers in all seiner Vielfalt. Für die *ignudi* in der Sixtinischen Kapelle bevorzugt er allerdings andere Modelle, muskulöse Handwerker, athletisch gebaute Männer. Ob sich die Liebe zu Tommaso auch sexuell erfüllte, ist nicht belegt, aber sie hat Michelangelo geprägt. Besorgt, mitfühlend schreibt Thomas Mann in seinem Essai *Die Erotik Michelangelos*: „Hoffentlich war der Junge nett und entgegenkommend und hatte einen Begriff von der Ehre, die ihm durch das Gefühl des Gewaltigen geschah und der (...) hält für möglich, „dass mehr als ich zu glauben wage, Dein Geist, die reine Glut, die in mir brennt, mitfühlend, ja vielleicht erwidernd kennt ..."

Michelangelo selbst sagt, seit er Tommaso kenne, könne er sich selbst besser leiden als früher; seit er ihn in seinem Herzen habe, schätze er sich selbst mehr, sei wie ein Steinblock der durch Bearbeitung gewinnt und mehr wert ist als der unbehauene Stein.

In seinem Essai berichtet Thomas Mann auch von Tommasos Einfluss auf Michelangelo, es sei nur auf Tommasos beständiges Zureden zurückzuführen, dass er die Kuppel für den Petersdom schließlich doch noch baute. Tommaso de Cavalieri bedankt sich für die ihm von Michelangelo geschenkten Zeichnungen, u .a. einen Ganymed. Er notiert, sie hätten ihm viel Freude gemacht und fänden auch die Bewunderung der Kenner.

Als Michelangelo fast 90-jährig nach kurzem, nur drei Tage dauernden Unwohlsein 1564 in Rom starb, war auch Tommaso an seinem Totenbett. Gegen den Wunsch des Papstes wurde Michelangelos Leichnam nicht im Petersdom, sondern in seiner Heimatstadt Florenz in Santa Croce beigesetzt.

Der schöne Albrecht Dürer und sein Freund Willibald Pirkheimer

In der Münchner Pinakothek hängen die zwei großen Tafelbilder der vier Apostel von Albrecht Dürer. Überlebensgroß, die individuellen Züge der vier Männer betonend, stellt der Maler auf der einen Tafel Johannes in rotem Mantel neben Petrus. Auf der anderen steht Markus neben dem grün gewandeten Paulus, ernst blickende Männer mit

Schriftrollen oder einer Bibel in der Hand. Ohne Auftrag gemalt und von Dürer dem Rat der Stadt Nürnberg gestiftet, waren diese Bildnisse der Apostel-Paare Zeugnis von Dürers Parteinahme für die Reformation. Auf Schrifttafeln unter den Bildern unterstreichen Zitate aus der Lutherbibel Dürers Absicht. Die Tafeln sollten die weltlichen Herrscher ermahnen die Heilige Schrift zu achten. (Der katholische Kurfürst Maximilian I. hat die Stadt Nürnberg später zum Verkauf der Bilder nach München gezwungen und die mahnenden Schrifttafeln sind bis heute entfernt).

In der Pinakothek hängt auch ein Selbstbildnis von Dürer, mit dem er sich als schöner Mann bewusst inszeniert, wie die Kunsthistorikerin Kia Vahland schreibt „in atemberaubender Frontalansicht“, wie bis dato nur für Christus Porträts üblich, selbstbewusst in einem edlen Pelzrock und lockiger, gepflegter Haarpracht sieht er den Betrachter eindringlich an.*

In der großen Nürnberger Dürer-Ausstellung 2013 waren weitere Selbstbildnisse ausgestellt: das zwei Jahre früher entstandene Porträt mit Blick in eine Landschaft, als elegant gekleideter junger Mann. Beeindruckend auch Dürers erstes Selbstbildnis als 13-jähriger Knabe mit dem Zeichenstift in der Hand. 27 Jahre später krümmt sich Dürer unerschrocken als Nackter ins Bild, der den Betrachter entschlossen anblickt, ein viriler, 40-jähriger Mann um 1605, zu seiner Zeit ungewöhnlich in seiner entblößten Eindringlichkeit.

Dürer – Sohn eines Goldschmieds – und der reiche Patriziersohn Willibald Pirkheimer waren fast gleichaltrig und seit 1490 eng befreundet. Dürer hatte damals nur

Dürer Selbstbildnis (Louvre, Paris)

* abgebildet ist nicht das Münchner Porträt

eine handwerkliche Ausbildung, während Pirkheimer, humanistisch gebildet, an Universitäten studierte und entsprechend gelehrt und belesen war. Dürer besuchte den Freund auf seiner ersten Italienreise in Padua, wo Pirkheimer seine humanistischen Studien vertiefte. Einige Kunsthistoriker vermuten, dass viele klassische und allegorische Motive in Dürers Stichen auf Gespräche und Anregungen des Freundes beruhen. Vielleicht sind die erzählenden Kupferstiche wie der *Hlg. Hyronimos* oder die berühmte *Melencolia* für uns heute überladen von Symbolik und Anspielungen aus der Zeit und bis auf die Hauptfiguren ohne Akzente, während Dürers Bildnisse, seine Porträts, auf die Person konzentriert sind und deren Individualität abbilden. Dürers Kupferstiche von Pirkheimer zeigen den Freund im Alter von 32 Jahren und später in seinem Älterwerden.

1594 heiratete Albrecht Dürer, den Plänen seiner Eltern folgend, standesgemäss die junge Agnes Frey samt einer anständigen Mitgift. Dürers Interesse an seiner Frau hielt sich jedoch in Grenzen. Sofort nach der Hochzeit ging er allein auf Reisen. Agnes führte den Haushalt und die Geschäfte, ein Eheleben im üblichen Sinn gab es nicht, nicht einmal die Mahlzeiten nahmen sie gemeinsam ein. So verwundert es nicht, dass nur ein einziges Porträt von Agnes bekannt ist, das sie im Profil darstellt, während in seinen Porträts sonst der Blick auf den Betrachter gerichtet und damit eindringlicher ist. Agnes' Gram über die kinderlose Ehe ist verständlich.

Zweimal reiste Dürer allein nach Italien, für die zweite Reise hatte Pirkheimer ihm Geld geliehen. Einige Monate verbrachte er in Venedig. Dürer arbeitete dort mit seinem Freund Jacopo de' Barbari, der eine monumentale Venedig-Vedoute gestochen hatte, in der man als Neptun in den Fluten vielleicht ein Portrait Dürers erkennen kann. Obwohl Dürer in Venedig anerkannt und auch von Giovanni Bellini hoch geschätzt war, nahm er das Angebot einer gut dotierten Anstellung nicht an und kehrte nach Nürnberg zurück.

Die Biografen sprechen von zehn Briefen an den Freund Pirkheimer in Nürnberg, die erhalten sind. Nach einem Missverständnis schreibt Dürer an ihn: „darum bitte ich untertänlich Ihr wolltet mir's verzeihen, denn ich habe keinen anderen Freund auf Erden als Euch." Ein ander Mal neckt Dürer Pirkheimer wegen seiner „Schwäche für niedliche deutsche Mädchen und hübsche italienische Landsknechte". Er nennt den Freund „Seidenschwanz". Erasmus von Rotterdam, den Dürer besucht hatte, lässt in seinen Briefen an Pirkheimer Grüsse an Dürer „unseren Appeles" bestellen.

Auf der Reise an den Rhein zum neuen Kaiser Maximilian, von dem er seine Privilegien bestätigt bekommen wollte, ließ er sich von seiner Frau und einer Magd begleiten. Dürer wahrte auf diese Weise die Umgangsformen angesehener Nürnberger Bürger. Ihm gehörte inzwischen ein stattliches Eckhaus in der Stadt, und er verdiente gut mit Porträts und vor allem mit den graphischen Blättern, z. B. der *Melencolia* und dem *Männerbad* – mit seinen vielen erotischen Anspielungen. Dürers Interesse am Mann und an homoerotischen Themen ist offensichtlich.

Mit *Tod des Orpheus* und *Adam und Eva* „brachte er den Deutschen auch das Genre der Männer- und Frauenakte nahe" meint Robert Hergemöller in seiner Sammlung *Mann für Mann*.

Selbst bei religiösen Themen wie in seinem Kupferstich von der *Gefangennahme Christi* 1508 „ist der Judaskuss sündhaft intim"*.

Auch wenn es so klar nicht ausgesprochen wird, die Selbstbildnisse sind auch selbstverliebt und die berühmten Stiche von *Adam und Eva* über *Die Gefangennahme Christi* bis zum *Männerbad* zeigen eindeutig Dürers Interesse, seine Neigung und die Faszination, die für ihn von Männern ausging.

Es ist bei Dürer nicht anders als bei Leonardo, Michelan-

Männerbad (Ausschnitt)

* Aldrich: *Gleich und Anders*

gelo und Caravaggio. Die von der jungen männlichen Gestalt ausgehende Faszination wird täglich auch mit den Werkstattjungen gelebt, die den Meistern als Modelle und Helfer zur Hand gingen. In dem Brief eines Kanonikus aus Bamberg heißt es, „dass Dürers Bart jeden Tag gewellt und gekräuselt werde, dass aber sein „garzone" (Junge) diesen Bart verabscheue und er sich besser rasieren solle".* Hergemöller stellt fest: „Es mangelt noch immer an dem Mut, das homoerotische Moment seiner Werke und sein „Männerbild" unbefangen und umfassend auszuleuchten."

Der selbstbewusste, schöne Mann Albrecht Dürer ist einer der nobelsten deutschen Maler. Sein letztes Selbstporträt mit einem knappen Tuch um seine Lenden ist besonders anrührend. Der 57-jährige zeigt mit dem Finger auf seine gelb hervorgehobene kranke Milz. Dürer starb im selben Jahr wahrscheinlich an einer damals nicht heilbaren Malaria, mit der er sich schon 1521 in den Niederlanden infiziert hatte. Die Grabinschrift auf einer bronzenen Platte hat sein Freund Pirkheimer verfasst:

„Qui quid Alberti Dureri mortale fuit, sub hoc conditor tumolo emigravit"

(Was sterblich war an Albrecht Dürer das bedeckt dieser Stein).

Pirkheimer starb nur zwei Jahre später. Die Gräber der beiden Freunde liegen auf dem Nürnberger St. Johannis-Friedhof in unmittelbarer Nähe.

* Panofsky: *Dürer*, S. 117

Männerpaare in der Literatur

Es gibt kaum Männerpaare in der Literatur der Neuzeit, nicht einmal nach der Aufklärung. Trotz der mythischen, frühchristlichen und historischen Beispiele von Freundespaaren gibt es keine literarische Darstellung von „Romeo und Julius".

Die unerfüllte Liebe zum Epheben bei Thomas Mann im *Tod in Venedig*, die Faszination der beiden Jungen in seinem *Tonio Kröger*, Herrmann Hesses *Narziss und Goldmund* und letztlich Fred Uhlmanns *Der wiedergefundene Freund* beschreiben zwar die erotische Faszination von Mann zu jungem Mann oder Jungen zu Jungen, aber keine aus dieser Neigung und Attraktion entstehende Paarverbindung. Es war sicherlich das christliche Denken, die davon geprägte Moral, dass jegliche Form von Sexualität, die nicht der Fortpflanzung diente, geächtet war und folglich Schriftsteller von der Darstellung einer dauerhaften Liebesbeziehung zwischen Mann und Mann absehen ließ – nicht gesellschaftsfähig, somit „misfits".

Goethe schätzte Winkelmanns Urteile zur Ästhetik und hatte mehr als Verständnis für den erotischen Reiz der jungen griechischen Marmor–Männer. Aber ein Drama *Achill und Patroklus* schrieb er nicht. Zwei Männer als Paar waren Tabu, auch für Goethe und Thomas Mann – beide in unterschiedlicher Weise betroffen – zwar vorstellbar, aber sie fanden es wohl nicht würdig bzw. akzeptabel, ein Männer-/Freundes-/Liebespaar in einem ihrer Werke zu gestalten.

Von den Göttern bestimmtes Schicksal, Inzest, Mord und Todschlag waren Stoff der griechischen Tragödien, aber keine friedliche, lustvolle Liebe zwischen zwei Männern. Nicht mal in Komödien wurde sich über ein Männerpaar lustig gemacht.

Auch zum Leben der homosexuellen „Ikonen" Leonardo, Shakespeare, Michelangelo und ihrer Partner gibt es keine Theaterstücke, Romane oder Biografien. Trotz der Schriften Voltaires und Diderots wurde das Phänomen der Zuneigung eines Manns zu einem anderen

Mann kaum benannt. Erst ab der Mitte des 19. Jahrhunderts und in den kommenden Jahrzehnten fanden mit Walt Whitman (1819–1892), Oscar Wilde (1854–1900) und Edward Carpenter (1844–1929) Freundespaare Eingang in die Literatur.

Was nun in der Literatur oft als langsame, manchmal problematische Entwicklung zur Verbindung zweier Männer dargestellt wird, war bei den historischen Paaren nach ihrem eigenen Bekunden oft spontane Zuneigung, *„love at first sight"*, bei Montaigne und de LaBoétie, Verlaine und Rimbaud, Cocteau und Marais, Gilbert and George, Pierre et Gilles, Patrick White und Manoly Lascaris; manchmal am Anfang nur von einem der beiden, wie bei Michelangelo, Wilde und Isherwood.

Walt Whitman preist die *comrade love* in seinen *Calamus*-Gedichten, die er nach seinen Erlebnissen als freiwilliger Sanitäter im amerikanischen Sezessionskrieg schrieb:

I will write the evangel-poem of comrades and love
For who but I should understand love with all its arrow and joy?
And who but I should be the poet of comrades?

Ein anderer Vers lautet:

Here to put your lips upon mine I permit you
With the comrade's long dwelling kiss or
The new husband's kiss
For I am the new husband and I am the comrade. (S.97)

Und weiter dichtet Whitman:

For the one I love must be sleeping with me under the same cover
In the cool night
In the stillness in the autumn moon beams
His face was inclined toward me
And his arm lay lightly around my breast
that night I was happy. (S. 101)

Im *Song of Myself* beschreibt er die Sinnlichkeit der körperliche Berührung, sehr explizit für die viktorianische Zeit spricht er von seinen Empfindungen:

I mind how once we lay such a transparent summer morning
How you settled your head athwart my hips
and gently turned over upon me
And parted the shirt from my bosom bone,
And plunged your tongue to my bare-stripped heart,
And reached till you felt my beard and reached till you felt my feet

Walt Whitmans Ruhm als patriotischer Dichter – er schrieb eine berühmte Ode auf Präsident Abraham Lincoln *Oh captain, my captain* – schützt ihn nicht vor Anfeindungen seiner Zeitgenossen. Auch persönlich soll seine Verehrung für Lincoln sehr weit gegangen sein, aber Whitman wollte oder konnte sich nicht offener ausdrücken, als in seinem Gedicht. Er selbst hatte bis zu seinem Tod langjährige intime Beziehungen zu jüngeren *comrades*, die er in seinen Gedichten besang.

Die Erzählung *I neoplatonici* von Luigi Settembrini wurde um 1850 verfasst, aber der Text wurde erst 120 Jahre später 1977 im Sellerio Verlag, Palermo veröffentlicht. Die heiter bukolische Fabel schildert in allegorischer Sprache die erotischen Fantasien des Autors im antiken Griechenland. Gleichzeitig ist sie ein Plädoyer für die Liebe zwischen zwei Freunden und eine Eloge der homosexuellen Liebe in einem glücklichen Arkadien.

Walt Whitman

Settembrini war ein Mitte des 19. Jahrhunderts bekannter italienischer Gelehrter und Historiker, der den Text während seines Aufenthalts in einem bourbonischen Gefängnis schrieb, wo er als Patriot zu lebenslänglicher Haft verurteilt, Jahre einsaß. Er hatte *I neoplatonici* als „Übersetzung aus dem griechischen" getarnt, um so ganz unverblümt sowohl die sexuellen Beziehungen des Freundespaares, als auch die mit ihrem Lehrer und mit einer jungen Tänzerin schildern zu können.

Erzählt wird von den Freunden Dorio und Callicle, zwei gemeinsam aufgewachsenen, sich körperlich begehrenden Jünglingen, die in Athen leben. Sie gehen in die Schule des platonischen Philosophen Codro, der sie umfassend unterrichtet. Eines Tages bitten sie ihren verehrten Lehrer – der ihre Zugewandtheit mit jener des Achill und Patroklus vergleicht – sie auch in der Kunst der Liebe zu unterweisen. Codro überzeugt sich von der Entschlossenheit seiner Schüler, lädt sie in sein Haus ein und unterrichtet sie nach einem Gastmahl. Während er die Schönheit ihrer nackten Körper preist, ergehen sich alle drei in Zärtlichkeiten und möglichen Praktiken der körperlichen Liebe zwischen Männern:

„Lasst mich die Schultern küssen, das Becken und die Äpfel, diese herrlichen Äpfel der Hesperiden und nun kommt Herkules die köstliche Frucht zu ernten, mit diesen Worten umarmte Codro den Doro, nachdem er sich vorher mit duftendem Öl seinen Herkules benetzt hatte, der nach zwei, drei zarten Versuchen in den göttlichen Garten der Hesperiden vordrang."

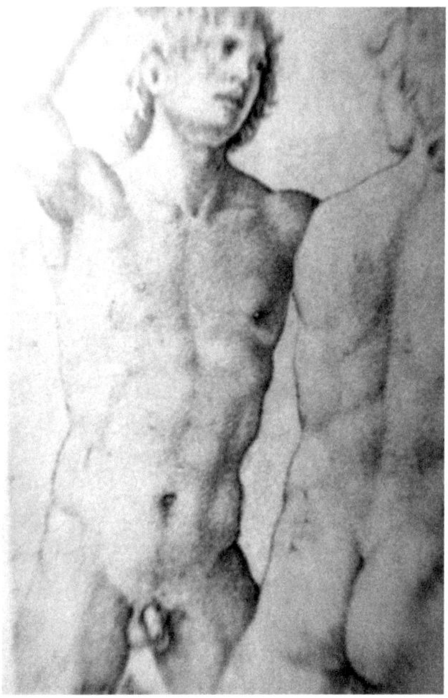
Renaissance-Zeichnung

Zu Codros Überraschung kennen Dorio und Callicle diese Praktik schon, neu ist vielmehr die nachfolgende Erfahrung zu dritt, mit dem beglückten Codro inmitten der beiden Jungen. Später werden die Beiden von der Tänzerin Innide verführt. „Unter vielfältigen Liebkosungen steckt sie sich erst Doros feuchten Rosenstengel, später danach Callicles

Geranie in ihr Nest-Körbchen, was allen dreien schließlich höchste Glücksgefühle bereitet". Als Helden nach einer Seeschlacht für ihre Vaterstadt Athen verehrt wie einst die Dioskuren, heiraten sie Innide und eine Freundin. Sie kommen jedoch weiterhin zusammen. Das Buch endet mit dem Satz: „Jedoch liebten sie sich miteinander und bis ins Alter fanden sie Gelegenheit im gleichen Bett beieinander zu liegen, sich zu umarmen auch ihre Füße ineinander zu verschränken wie in den frühen Jahren ihrer Jugend."

Die Erzählung konnte trotz ihrer Tarnung als „Übersetzung" nicht zu Lebzeiten des Autors veröffentlicht werden. Settembrinis angesehener Kollege, der konservative Philosoph Benedetto Croce, hatte den Text als zu obzön befunden und verfügt, er solle nicht veröffentlicht werden und im Archiv der Universität Neapel verbleiben. 1937 wurde der Text im Nachlass Settembrinis entdeckt, erschien aber erst 40 Jahre später und ist bisher nicht ins Deutsche übersetzt.

Es passierte oft, dass Bücher, die homosexuelle Liebe thematisieren, erst posthum veröffentlicht wurden, wie Oscar Wildes *Teleny* oder E. M. Forsters *Maurice*, in dem die Liebe eines jungen Mannes zu einem Wildhüter über die Schranken der englischen Klassengesellschaft im 19. Jahrhundert triumphiert. Bruce Chatwin, der sich öffentlich nie zu seiner Homosexualität bekannte, schrieb immerhin 1989 einen Roman *On the Black Hill*, über ein altes Zwillingsbrüder-Paar auf einer Farm im ländlichen Wales in bukolischen Idylle, abseits der Gesellschaft.

Marguerite Yourcenars *Mémoires d'Hadrien* erschienen erst 1951, obwohl sie schon als junge Frau in den 1930er-Jahren ein erstes Manuskript nach einem Besuch der Villa Adriana bei Rom verfasst hatte. Die fiktiven Memoiren des römischen Kaisers machten Marguerite Yourcenar schlagartig bekannt. Das Buch ist eine einfühlsame Beschreibung der Gedanken und Empfindungen Hadrians zu Staatsführung, Verantwortung und dem persönlichem Glück als reifer Mann zusammen mit seinem jungen *eromenos* Antinuos. Hadrian hatte sich in den erst 13-jährigen Jüngling verliebt. Ob dessen mysteriöser Tod im Nil vier Jahre später Unfall, Mord oder Selbstmord war, ist ungeklärt.

Marguerite Yourcenar lässt dies offen, ebenso wie die Frage, ob sich Antinuos durch Hadrian bedrängt fühlte.

1959 erschien in England Mary Renaults Roman *The Charioteer*, die Geschichte einer schwulen Liebe im II. Weltkrieg. Dieser Roman begründete den Ruhm Mary Renaults, die mit ihrer Freundin nach dem Krieg von England nach Südafrika ausgewandert war, wo beide in dem Rassengemisch von Durban ein liberaleres Ambiente fanden als in England und dort bis zu ihrem Tod lebten.

Mary Renault schrieb mehrere historische Romane über Helden und ihre Freunde, die sie in der Antike, in Griechenland ansiedelte. So z. B. über die Erziehung Alexanders des Großen, seinen Lehrer Aristoteles und Alexanders vermeintlich letzte Leidenschaft für den *„Persian Boy"*.

Schon Christopher Marlowe, der rebellische, jung verstorbene Dramatiker im Elisabethanischen Zeitalter zeigt in seinem Stück *Edward II.* die unverbrüchliche Loyalität und Zuneigung des Freundes Gaveston zum König und die Männer-Clique um sie herum mit vielen macho-erotischen Anspielungen. In der Inszenierung der Wiener Festwochen 2015 machte der junge österreichische Dramatiker Ewald Palmetshofer aus dem Stück mit seiner Neuschreibung *Edward II. Die Liebe bin ich* „ein explizites Schwulendrama. ... Der König liebt. Und will diese Liebe zu Gaveston öffentlich leben – gegen die Peers, gegen jede Räson. Wo Marlowe schon aus Zensurgründen auf Mehrdeutigkeiten ausweicht, spitzt Palmetshofer das homosexuelle Begehren eindeutig zu, findet eine Sprache der Liebe im Korsett der Politik."*

Marlowes Biographie liegt weitgehend im Dunkeln. Ihm wurde vorgeworfen, er sei Ketzer, Atheist und Spion, und sein Tod im Gefängnis ist ungeklärt. Gesichert hingegen ist, dass sein Freund, Thomas Kyd, mit dem er zusammengelebt hatte, nach Marlowes Tod verhaftet und angeklagt wurde. Wie bei seinem Zeitgenossen Shakespeare gibt es keine eindeutigen Belege für Marlowes Homosexualität, aber sein Interesse galt Paaren wie Jupiter und Ganymed und Hero

* *SZ* v. 1. 6. 2015

und Leander, den schon Neptun zärtlich in den Armen hielt, während er allnächtlich den Hellespont durchschwamm.

Im letzten Jahrhundert hat Jean Anouilh in seinem Stück *Beckett oder die Ehre Gottes* die Beziehung des englischen Königs zu einem Jugendfreund, dem späteren Kirchenmann Thomas Beckett, nicht nur als ein Machtkampf zwischen König und Kirche, sondern auch als eine erotisch aufgeladene Männerbeziehung dargestellt.

1979 erschien mit *Bent* in London und New York ein Theaterstück von Martin Sherman, das sehr eindringlich das Drama zweier Freunde schildert, die vor der Verfolgung der Homosexuellen unter Hitler nicht mehr zusammen fliehen können. Nach der „Nacht der langen Messer", als die schwulen SA-Männer um Röhm verhaftet werden, hätte sich Max, eine der beiden Hauptfiguren, mit einem falschen Ausweis durch Flucht ins Ausland retten können, aber er bleibt in Deutschland, weil er seinen Freund Rudy nicht allein lassen will.

In der folgenden SS-Haft, bei den Folterverhören, leugnet Max die Beziehung zu Rudy, der später unter seinen Augen grausam stirbt. Max streitet seine Homosexualität weiterhin ab und muss an einem gerade erschossenen Mädchen zeigen, dass er ein „richtiger" Mann ist. Und dies alles weil er statt des rosa Winkel den in seinen Augen „besseren" gelben Stern tragen will. Schließlich landet Max doch im KZ Dachau, wo sich während der harten Arbeit im Steinbruch eine zarte Beziehung zu Horst, einem Mithäftling, entwickelt. Im weiteren Verlauf gelingt es beiden sogar, sich ohne Berührung von einem Zaun getrennt nur mit den Worten eines knappen Dialogs zum Höhepunkt zu bringen.

Nachdem auch Horst stirbt – er wird von den Wachen erschossen –, und Max den Leichnam des Freundes in eine Grube werfen muss, zieht er sich in der Schlusszene „geläutert" Horsts Jacke mit dem rosa Winkel an und läuft in den elektrisch geladenen Wachzaun, wo er im gleißenden Licht verbrennt.

Im Programmheft wird aus einer Rede Himmlers 1936 zitiert: „Nach unserem Urteil ist Homosexualität Ausdruck der Degeneration, die unsere Rasse zerstören könnte. Deshalb müssen wir zu den nordischen Grundsätzen zurückkehren, zur Ausrottung der Degenerierten".

Obwohl das Stück große emotionale Härte und Tabubrüche auf die Bühne bringt – Leichenschändung, Onanie und die These, dass die Männer mit dem rosa Winkel in den KZs am schlechtesten behandelt wurden – hat das Drama mit der Liebesgeschichte zwischen Rudy, Max und Horst auf den Bühnen großen Erfolg.

Martin Shermans eigene Biographie als offen schwul lebender Jude erlaubte ihm diese Geschichte so authentisch zu erzählen. Fast 20 Jahre später schrieb er das Drehbuch für die Verfilmung, wodurch noch mehr Menschen das Leiden und die Geschichte von *Bent* bekannt wurde.

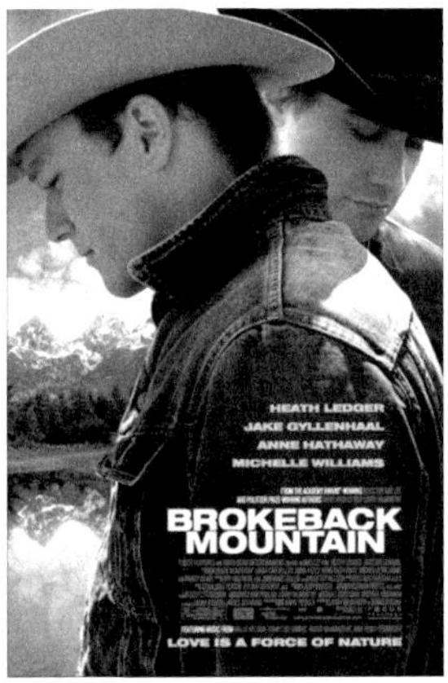

DVD-Cover von *Bent* und *Brokeback Mountain*

1997 hat Annie Proulx, die amerikanische Schriftstellerin unserer Tage, in ihrer Erzählung *Brokeback Mountain* das Schicksaal von Jack und Ennis mit kargen Worten auf nur 30 Seiten erzählt.

Die beiden knapp 20-jährigen Männer nehmen im Sommer einen Gelegenheitsjob in den Bergen an, zelten und müssen dort oben Schafherden bewachen. In der Nachtkälte kuscheln sie sich frierend aneinander und *„he entered him no instruction manual needed"*. Sie reden nicht über Sex, lassen es geschehen, überzeugt, es gehe niemand anderen etwas an – *„that old, cold time on the mountain when they owned the world and nothing seemed wrong"*.

Vier Jahre später treffen sie sich wieder und während einer Nacht im Motel bricht das aufgestautes Verlangen aus ihnen heraus. Beide sind inzwischen verheiratet – Väter – aber haben beim Onanieren immer nur mit Sehnsucht an den anderen gedacht. Ihr Traum, ein gemeinsames Leben auf einer Farm, scheint in dieser Gesellschaft unmöglich. Jacks Vater hatte einst seinen „verweichlichten" neunjährigen Sohn gezwungen „zur Abschreckung" den grausamen Lynchmord an einem alten Männerpaar, die als Farmer zusammenlebten, mit anzusehen.

In den folgenden 16 Jahre treffen sie sich Jack und Ennis einmal im Jahr zu einem „Fishing Trip", die Alibi-Fische kauften sie danach in einem Supermarkt. Ennis' Frau kommt hinter das Geheimnis der beiden und lässt sich scheiden. Er zieht aus ihrem gemeinsamen Haus in einen Wohnwagen im Trailerpark. Als Ennis' jährliche Postkarte an Jack mit dem Vermerk „Adressat verstorben" zurückkommt, ruft er Jacks Frau an und erfährt: Jack wurde bei einem „Arbeitsunfall" von einem Schraubenschlüssel erschlagen. Die Asche habe sie an seine Eltern geschickt; Jacks letzter Wille sei es gewesen, dass ein Teil auf dem Brokeback Mountain verstreut werde, doch sie wisse nicht, wo dieser Berg zu finden sei …

Ennis verspricht ihr, diesen letzten Wunsch zu erfüllen und fährt zu Jacks Eltern. Die Mutter führt ihn in das alte Kinderzimmer ihres Sohns und lässt ihn allein. Unter Jacks Hemd im Schrank auf einem Bügel hängt ein kariertes Hemd von Ennis, das er verloren geglaubt hatte. Er darf beide Hemden mitnehmen und hängt sie später in seinem Trailer neben einer Ansichtskarte des Brokeback Mountain auf.

Annie Proulx' kurze Erzählung zeigt viele Elemente einer griechischen Tragödie. Beide Männer sind schicksalhaft von ihrer sexuellen Prägung bestimmt, sie lieben sich und schaffen es nicht ohne den anderen „normal" zu leben. Ihre Frauen fühlen sich bei einigem Verständnis von ihren Ehemännern betrogen und wenden sich ab. Ein gemeinsames Leben von Jack und Ennis lässt die Gesellschaft nicht zu.

Der Mord an Jack ist das Ende der Tragödie, so wird der Ausgegrenzte, Ungehörige beseitigt. Zum Schluss kommt ein Hoffnungsschimmer durch die neue Generation ins Spiel: Ennis' Tochter hat Mitleid mit ihrem Vater und besucht ihn in seinem Trailer.

Ang Lee's stimmige Hollywood Verfilmung hat Jack und Ennis' Geschichte einem großen Publikum bekannt gemacht. Der Film und die Schauspieler – Jake Gyllenhaal und Heath Ledger – waren für Oscars nominiert. Aber es hatte viel kirchliche Proteste gegen *Brokeback Mountain* gegeben, und so vermied die konservative Academy diesen Film zu prämieren. Auch in Italien strahlte der staatliche Sender RAI den Film nur in einer zensierten Fassung aus, der Kuss der beiden und ihre diskrete Sexszene wurde den italienischen Zuschauern vorenthalten. Trotzdem meinte ein Kritiker, diese herzzerreißende Geschichte müsste die reaktionärsten US-Farmer von *gay marriage* überzeugen.

Männerpaare im 20. Jahrhundert

Benjamin Britten und Peter Pears

Aus Anlass von Benjamin Brittens 100. Geburtstag 2013 wurde am Strand des kleinen Seebades Aldeburgh, in dem Britten bis zu seinem Tod gelebt hatte, eine eindrucksvolle Inszenierung seiner ersten Oper „Peter Grimes“ am Strand aufgeführt. Tessa Hendersson, eine dort ansässige Malerin, hat das Szenario über viele Tage in Zeichnungen festgehalten: An einem ins Meer gebauten Pier mit hölzernen Plattformen samt Hütten liegen Fischerboote festgemacht, von denen eines dem Fischer Peter Grimes gehört. Die Partie hatte Britten 1944 für seinen drei Jahre älteren Freund, den Sänger Peter Pears, komponiert, der die Rolle des Peter Grimes dann bei der ein Jahr später stattfindenden Uraufführung sang. Pears selbst hatte den Stoff in einem Band von Erzählungen aus Suffolk entdeckt, der Grafschaft, zu der Aldeburgh gehört.

Von der Gemeinschaft der Fischer ausgegrenzt wird Peter Grimes in diffusen Verdächtigungen unterstellt, er sei schuld am Tod zweier ertrunkener Fischerjungen, mit denen er in einen Sturm geraten war. Seine Isolation von der Gemeinschaft der Fischer endet mit seinem Freitod auf See. „Der Peter Grimes Stoff liegt mir am Herzen,“ sagte Britten später. „Der Kampf des Individuums gegen die Anderen. Je

Skizze „Peter Grimes on the beach“

schlechter die Gesellschaft sich zeigt, je schlechter reagiert der Einzelne."

Bis zu seinem Tod hatte Britten vor allem Rollen für die besonders helle Tenorstimme von Peter Pears komponiert. Anfangs vertonte er sieben Sonette von Michelangelo als Liebeserklärung an ihn. Später, fasziniert von Epheben, schrieb er nach Thomas Manns Erzählung die Oper *Tod in Venedig*, in der Pears die Rolle des Aschenbach sang.

Die beiden hatten sich 1937 durch einen gemeinsamen Freund, Peter Burra, kennen gelernt, waren sich jedoch erst nach dessen Unfalltod beim Aufräumen der persönlichen Dinge nähergekommen. Pears hatte sein theologisches Studium abgebrochen, weil er sich seiner homosexuellen Neigungen zunehmend bewusst wurde. Er wandte sich danach der Ausbildung seiner musikalischen Begabung als Lehrer und Sänger zu.

Nun wurde seine Stimme eine musikalische Inspriration für den jungen Britten. Bereits wenige Wochen nach ihrem ersten Treffen komponierte Britten ein Stück für Streicher und Tenor mit dem Titel: *A thousand gleaming fires*. Nach diesem Auftakt blieb ihre Freundschaft nicht mehr nur platonisch. Peter Pears begleitete Britten nach Amerika, wo sie der Kriegsausbruch in New York überraschte. Sie blieben und kehrten erst 1942 nach England zurück, nachdem ihnen versichert wurde, als Kriegsdienstverweigerer aus Gewissensgründen anerkannt zu werden.

Eine musikalische Partnerschaft hatte begonnen, die der Kritiker Headington im Resumé später als *„as nearly an artistic unity as could be imagined"* bezeichnete. Nicht verwunderlich, denn Britten war hingerissen von Pears' *„heavenly voice"*, so sehr, dass er andere Tenöre ermutigte, seine früher ursprünglich für Sopran geschriebenen Stücke zu singen.

Die italienische Journalistin Natalia Aspesi schrieb zu Brittens 100. Geburtstag in *La Repubblica* einen anrührenden Artikel über die Künstlersymbiose der beiden und erklärte darin:

„Ihr fester Bund seit 1937 bis zu Brittens Tod 1976 war in England mit seiner alten Demokratie noch ein Verbrechen, Homosexualität wurde erst 1967 entkriminalisiert. Das Paar war vom Aussehen her sehr britisch, Tweedsakkos, Krawatten, perfekt rasiert, Britten mit kurz geschnittenen Haaren, Pears' langes Haar glatt nach hinten getragen. Gerade sind in England zwei gut recherchierte Biographien erschienen (*‚A Life for Music'*, und *‚A Life in the 20th Century'*). Ein reiches Leben in einer Zeit mit zwei Weltkriegen und im Schatten einer Königin, die noch heute fest auf dem Thron sitzt, (...), der Welterfolg ihrer Musik und die vielen Ehrungen, anerkennenden Ämter, Aufgaben, den Freundschaften, dem guten Leben ... Und darüber hinaus mit einem besonderen Verdienst, wie der Biograf Powell leidenschaftlich schreibt: ‚Britten und Pears haben den Gays meiner Generation die überraschende Lehre gezeigt, dass es für ein homosexuelles Paar selbst im konservativen England möglich war, mit Natürlichkeit und Würde offen ihre Verbindung zu leben.' – so wie um die Jahrtausendwende Elton John mit seinem Partner."

Im Gegensatz zu W. H. Auden, der nach der Emigration in die USA amerikanischer Staatsbürger wurde und dort seinen Lebenspartner Charles gefunden hatte, waren Britten und Pears 1942 in die englische Heimat zurückgekehrt, hatten sich in eine renovierte Mühle in Suffolk zurückgezogen und endlich diese große Oper *Peter Grimes* geschrieben. Mit der am 7. Juni 1945 in Londons Sadler's Wells uraufgeführten Oper wurde der junge Britten rehabilitiert, man verzieh ihm und Pears ihren Pazifismus und die Flucht in die Vereinigten Staaten mit den anderen Intellektuellen wie Isherwood und Auden, die alle nicht am Krieg teilnehmen wollten.

Britten dachte, dass sein Pazifismus ihn von den Kameraden im Krieg, in der Heimat, isoliert hatte. Aber Andrew Powell meint, nicht dieser Pazifismus habe Britten isoliert, sondern der persönliche Kampf gegen die Homosexualität, wie er ihn in seinen sexuell unterdrückten Figuren zeigt.

„Ein schreckliches Sextett, mit dem Britten die homosexuelle Vison vorwiegend negativ sieht: wie Peter Grimes, den Kapitän Vere in *Billy Bud*, den Diener Quint nach Henry James' *Die sündigen Engel*, den Elfenkönig Oberon im *Traum von 1001 Nacht*, der Schriftsteller

Aschenbach im *Tod in Venedig* ..." meint der Kritiker. Auch die 1951 komponierte Oper *Billy Budd*, die auf Hermann Melvilles gleichnamigem Roman basiert, ist eine homosexuell grundierte reine Männeroper, in der auf einem Schiff masochistisches Gehabe das sexuelle Begehren dominiert.

Benjamin Britten (li.), Peter Pears

Britten war ein besessener Komponist. Er vermied die Avantgarde und die Zwölftonmusik. Dafür komponierte er eine Musik, die nach seiner Vorstellung den meisten Menschen gefallen sollte. Seine Klangwelt könnte man als impressionistisch, neuromantisch beschreiben: Erinnerungen an das Meer vor dem Elternhaus an der Küste von Suffolk, Albträume wegen der verletzten Unschuld in der Jugend durch den Übergriff eines Lehrers, an die Mutter, die ihm sagte „Du wirst das vierte große B nach Bach, Beethoven und Brahms".

Auch wenn der Kritiker John Amis meinte, „dass Britten auch ohne Pears ein großer Komponist geworden wäre, aber Pears sicherlich kein großer Sänger ohne Britten", so verkennt er dabei, welche Inspiration und Sicherheit Britten von seinem älteren Freund bekommen hatte.

Beide Biographien beschäftigen sich ausführlich mit Brittens pädophilen Neigungen – trotz seiner festen Verbindung mit dem „schönen Mann" Peter Pears. Britten bewunderte Heranwachsende, wie den 13-jährigen Sänger David Hemmings. In der ersten Aufführung von *Die sündigen Engel* war er der Sänger des kleinen Miles, der in das tragische Spiel einer homoerotische Verführung verwickelt wird. Andere Heranwachsende wurden Figuren im Werk des Komponisten. *Der kleine Schornsteinfeger* z. B. spielt auf die von ihren armen Eltern in die Stadt verkauften Jungen an, die dort wegen ihrer zarten Körper Kamine reinigen mussten. Auch die Chorwerke für Knabensopran, die er bereits als 19-jähriger begonnen hatte, setzen sich in verschiedenen Auftragskompositionen zu unterschiedlichen Jubiläen fort. Chorknaben singen in heiterer Leichtigkeit und unschuldiger Reinheit die religiösen Texte seiner *Missa Brevis*.

Als 30 Jahre nach Brittens Tod acht inzwischen erwachsene Männer für das Buch *Britten's Children* von John Bridcut befragt wurden, verneinten alle jegliche „Zudringlichkeiten" seitens des Komponisten bei dem sie manchmal im Bett schliefen. Im Gegenteil, sie sprechen bewundernd von ihm, wie er sie gefördert, anerkannt und väterlich besorgt beschützt habe. Britten sei im Innern ein Kind geblieben und habe gesagt „Ich bin ja selbst noch 13". So war Pears für ihn gewiss eine eher behütende Vaterfigur.

Britten liebte das großbürgerliche Leben, Tee bei Königin Elisabeth II, schnelle Autos, schöne Häuser und hasste die Unordnung der Bohème, die sie beide in New York in der „Kommune" bei Carson McCullers, Auden, Jane und Paul Bowles erlebt hatten.

Nach einer Herzoperation schwer krank, verabschiedete er sich von seinen Freunden mit einer Champagner-Party und starb mit 64 Jahren im Dezember 1976. Er wollte in Aldeburgh in einem gemeinsamen Grab beerdigt werden, wohin ihm zehn Jahre später Peter Pears folgen sollte, der 1980 nach einem Schlaganfall nicht mehr gesungen hatte.

Ihr gemeinsames Schaffen in Brittens Opern, aber auch Pears' größte Partien wie die des Evangelisten in Otto Klemperers Version der Matthäus-Passion, sind auf Tonträgern dokumentiert.

Christopher Isherwood und Don Bachardy

Christopher Isherwood, 1904 geboren, hatte als junger Mann in England 1928 seinen ersten Roman *All the Conspirators* veröffentlicht – eine frühe Abrechnung mit seinem Elternhaus, vor allem mit der Mutter –, als er mit seinem Schulfreund W. H. Auden aus dem muffigen England 1929 ins vibrierende Berlin reiste. Ihr gemeinsamer Schriftstellerfreund Stephen Spender hatte ihnen fasziniert von der lockeren Atmosphäre der Stadt und ihrer homosexuellen Szene berichtet, den Bars und Lokalitäten, in denen junge Männer gegen ein paar Mark auch für Ausländer leicht verfügbar waren. Isherwood sehnte sich danach, seinem elitären Oxforder Ambiente zu entkommen. Dazu kam sein homosexuelles Verlangen, das ihn vor Mutter Kathleen und den Vorstellungen der englischen Klassengesellschaft fliehen ließ.

In Berlin angekommen lernte er schnell einen blonden „Bubi" kennen, der ihn, sagt Isherwood, von seinem verklemmten Sexempfinden befreit habe. Nachdem Bubi die Stadt verlassen hatte, um sein Glück in Südamerika zu suchen, zog Isherwood bald zur Familie Nowak, in deren Wohnung er mit Otto, dem Sohn, Zimmer und Bett teilte. Christopher fühlt sich wohl mit den kräftigen Jungs vom Halleschen Tor, die u. a. in der Bar „Cosy Corner" verkehren. Ihre Körperlichkeit, ihr Ringen und Balgen, schreibt er später, erinnerte ihn an die Raufereien im Umkleideraum während seiner Schulzeit in England. Hier, in Berlin, genießt er die natürliche Art, wie sich die meist arbeitslosen *working class* Jungs geben. Ein Kanonenofen heizt den Raum der Bar so auf, dass die Jungen sich ihre Pullover auszogen und nur im Unterhemd die Muskeln zeigten. Isherwood teilt die Sehnsucht und Vorliebe vieler homosexueller Engländer der upper oder middle class nach jungen Männern aus der working class, die unverklemmter, direkter sind. Eine Situation, die auch E. M. Forster in seinem *Maurice* schildert. „Junge deutschen Homosexuelle damals gingen einfach und natürlicher damit um," sagt Isherwood 1973 in einem *Gay Sunshine*-Interview, „sie haben eine große natürliche Zärtlichkeit und schämen sich nicht ihrer Gefühle" (S. 194) In den feinen Bars im Berliner Westen dagegen herrscht die Atmosphäre einer in dieser Zeit modischen sexuellen Ambivalenz gekennzeichnet durch mondäne Garderobe, Verkleidung, Frack, Zylinder und Zigarettenspitze, wie im Film *Der blaue Engel*.

Als Christopher Isherwood von seinem kinderlosen, vermögenden Onkel eine Apanage erhält, zieht er vom schäbigen Arbeiterviertel um das Hallesche Tor nicht in den Berliner Westen, sondern in die damals etwas weniger feine Gegend des Schöneberger Kiez' um den Nollendorfplatz.

Monate später trifft Isherwood den Berliner Heinz, der sein Busenfreund wird. Alle drei Engländer Spender, Auden und Isherwood hatten in dieser Zeit wechselnde Freundschaften zu blonden Jungs. Sie machen gemeinsam mit ihnen Ausflüge in die Umgebung und fahren zu den Nacktbadestränden an der Ostsee. Stephen Spenders Autobiographie *World within World* und auch die Fotos von Herbert List geben solch fröhliche Stimmung unter jungen Männern in diesen Jahren wieder.

Vier Jahre hatte Christopher als „möblierter Herr" bei Familie Nowak und anderen Zimmer-Vermietern – meist einfachen Leuten – gelebt, ihre Sorgen und ihr Familienleben hautnah miterlebt und aufgeschrieben. *Ich bin eine Kamera* nennt er ein Kapitel aus dieser Berliner Zeit.

Aber dann müssen die drei Engländer miterleben, wie die erst nur völkische, dann nazionalsozialistische Politik immer lebensbedrohlicher wird. Jüdische Geschäfte werden boykottiert und geplündert, Freunde werden verhaftet, Homosexuelle verfolgt, das Magnus-Hirschfeld-Institut, über dem Isherwood wohnt, gestürmt und verwüstet. Die Idylle war zerschlagen. Diese Zeit wird in Isherwoods Büchern *Good Bye to Berlin* und *Mr. Norris Changes Trains* festgehalten. Sie erlangten später durch die Adaptionen als Musical und Film *Cabaret* weltweiten Ruhm.

Isherwood und W. H. Auden (Foto C. v. Vechten)

1938 verlassen die Freunde Berlin und reisen durch Europa, nach Belgien, Frankreich, Portugal, London und Griechenland. Isherwood immer mit seinem Heinz, dessen Visum jedoch 1939 ablief. Er wird an der Grenze verhaftet und später als Kriegsdienstflüchtiger und Homosexueller verurteilt, kommt aber nicht ins KZ und überlebt. Erst 1952 haben sich Isherwood und der inzwischen verheiratete Heinz in Berlin wiedergetroffen und ihre ehemalige Zimmervermieterin in der Nollendorfstraße 17 besucht.

Nach den Berliner Jahren reist Isherwood mit Auden für eine Reportage nach China. Daraus entsteht das gemeinsame Buch *Journey to War*. Beide arbeiten oft für Projekte zusammen und haben, laut Isherwood, auch immer wieder eine sexuelle *affair*, ohne eine feste Beziehung einzugehen, die sich Auden vielleicht gewünscht hätte. Er schrieb später das schöne Epigramm:

„If equal affection cannot be, let the more loving one be me."

1939 waren beide aus Europa vor dem aufziehenden Krieg nach New York geflüchtet. Sie verkehrten dort in Künstlerkreisen um Carson McCullers in deren Wohngemeinschaft in Brooklyn, in der zeitweilig auch Britten und Pears wohnten, eine linke Clique gleichgesinnter Pazifisten, alle vor dem Faschismus geflohen.

In New York trifft Isherwood einen 18-jährigen „amerikanischen Traum", athletisch und mit strammen Beinen, von ihm ‚Vernon' genannt. Sie gehen zusammen nach Hollywood, aber auch das bleibt nur eine *affair*. Mit seinem neuen Freund, dem 17 Jahre jüngeren Fotografen Bill Caskey, unternimmt er 1948 eine Reportagereise nach Südamerika. Daraus entsteht das Buch *Condor and Cows*. Die enge Beziehung mit Bill Caskey ist 1951 beendet, als dieser zur See fährt. Isherwood berichtet davon in seinen Tagebüchern. Er hatte nun Skriptaufträge für Filmdrehbücher, eine Literaturprofessur und wird langsam etabliert.

Im Frühherbst seines Lebens, nachdem er schon zehn Jahre in Amerika gelebt hatte, lernt er 1953 an einem Strand in Los Angelos zwei Studenten kennen. Zwei Jahre später trifft er den jüngeren der Beiden, den nun 18-jährigen Don Bachardy auf einer Party wieder und verliebt sich in ihn. Bald sind sie ein Paar, werden deshalb von der homophoben Vermieterin aus Isherwoods Gartenhausatelier gekündigt und ziehen zusammen in ein Haus in Santa Monica. Isherwood beginnt neben seiner Lehrtätigkeit wieder zu schreiben: Drehbücher, eine Biographie von Ramakrishna und nach einer Indien-Reise den Roman „A Meeting by the River" entstehen in kurzer Zeit.

Was war geschehen? *„When you fall in love"*, sagt er zu Winston Leyland, *„you feel you've discovered the bird of paradise, the magic per-*

son from the other land".*

Wegen ihres Altersunterschieds ließ Isherwood sich nicht durch Meinungen anderer irritieren, bemerkt sein Freund und Herausgeber John Lehmann. Isherwood schreibt, dass er eingeschüchtert war von der emotionalen Intensität ihrer Beziehung gleich von Anfang an: ein eigenartiges Gefühl schicksalhafter, gegenseitiger Entdeckung. „Diesmal wusste ich, dass ich mich wirklich gebunden hatte. Don würde mich vielleicht verlassen, aber ich könnte ihn nicht verlassen, es sei denn er bräuchte mich nicht mehr. Dieses Gefühl der Verantwortung, das ein bisschen väterlich war, machte mich besorgt aber voller Freude."

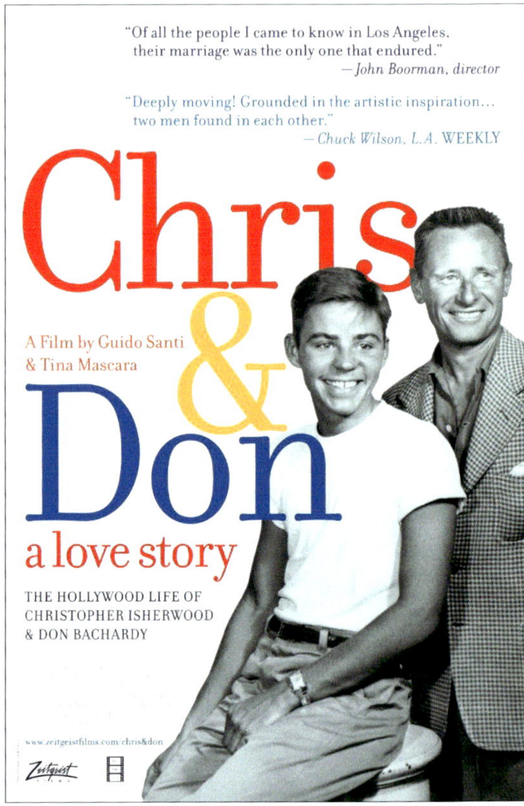

Chris and Don, Film-Poster

Mit Don Bachardy hatte er einen liebenswürdigen und attraktiven Jungen getroffen, der offensichtlich auch Christopher attraktiv fand und der ihn liebte. Don sei für ihn das maskuline *yang*, das ihn

* Gay Sunshine Interview, S. 196

überwältigte und zu seinem femininen *yin* gehörte, meint er selbst in *Christopher and his Kind*.

Isherwood erkennt Barchardys Zeichentalent und fördert ihn. So nimmt dieser ein Kunststudium auf, sein Freund regt ihn an, Porträts zu malen. Der dreißig Jahre ältere Isherwood und Bachardy sind auch nach Bekundungen ihrer Freunde ein glückliches Paar. Auf den Fotos strahlen sie ihre sichere Gelassenheit aus. In England stellt Isherwood Don den Freunden und der eigenen Familie vor, die im Gegensatz zu manchen seiner amerikanischen Freunde positiv auf den jungen Mann reagieren, schreibt John Lehmann, der wie Auden ein lebenslanger Freund Isherwoods war. Lehmann schrieb seine Erinnerungen an ihre Freundschaft *A Personal Memoir* in respektvoller Haltung und liebevollem Ton, in dem ein Bedauern anklingt, nicht selbst das *yang* für Christopher gewesen zu sein.

Doch es gab auch Krisen und kurzfristige Trennungen, z.B. als Isherwood Bachardy nach London an die Slade School of Fine Art zum Studium schickte und dieser wegen einer *affair* seine Rückkehr nach Los Angelos immer wieder aufschob. Auch fuhr Bachardy in seinen Ferien zu Freunden nach New York, wo er mit anderen Männern *affairs* hatte. „Es war sehr aufregend, aber ich war sehr glücklich danach wieder zu Chris zurückzukehren. Er war immer meine Nummer eins", meinte er in einem Interview 2014.

Ihre Beziehungskrise nach zehn Jahren wurde Hintergrund des Buchs *A Single Man*, das Tom Ford 2011 mit Colin Firth verfilmte. Don Bachardy erzählt später, dass Christopher die Idee zu dem Buch bekommen hatte, als sie beide eine schwere domestic crisis hatten, Don hatte Schwierigkeiten und dachte daran selbständig zu leben, auch Chris habe eine *difficult time* durchlebt und sich vorgestellt, wie sein Leben ohne Don wäre. In der Situation entstand *A Single Man*, von vielen wegen seiner Authentizität als eines der wichtigsten Bücher geschätzt.

Don Bachardy malt Christopher Isherwood

Mit einer Ausstellung in New York hatte sich Don endgültig als Maler etabliert. Auf ihren Europareisen zog er immer wieder Porträtaufträge „an Land". Er traf alte Freunde von Isherwood in London und machte dabei Porträts von Francis Bacon und Lucien Freud. Zusammen arbeiten sie auch an literarischen Projekten, einem *Frankenstein*, Dramatisierungen von Isherwoods Büchern und veröffentlichen 1980 Bachardys Zeichnungen mit Tagebucheinträgen unter dem Titel *October*.

Beide vor dem Porträt von David Hockney

2007 drehten Guido Santi und Tina Mascara einen Dokumentarfilm *Chris and Don*. Der junge Don in den Armen des hinter ihm stehenden Chris strahlt den Betrachter vom Filmplakat glücklich an. Auf späteren Bildern, wie 1976 dem großem Porträt von David Hockney, das Don und Christopher in zwei Sesseln ein wenig entfernt voneinander sitzend zeigt, wird zwar nicht ihre Nähe, dafür aber die Bezogenheit aufeinander sichtbar. Es war damals gerade die Krise in ihrem Zusammenleben, erzählte Bachardy später. Sie lebten schon 20 Jahre zusammen, und es folgten noch weitere 15 Jahre.

In *Christopher and His Kind* (der Titel stammt von Bachardy) hat Isherwood 1976 sein Leben in den Jahren 1929 und 1939 tiefer reflektiert. Auch vom Besuch bei Heinz in Berlin und bei Bubi erzählt er darin. Letzteren hatte er 1956 in Argentinien wiedergesehen. Das Buch beschließt er (in Amerika) reflektierend mit der Prophezeiung :

Don Bachardy, ca. 2004

„Ja, meine Lieben, (Wystan und Christopher) jeder von euch wird hier (in Amerika) die Person finden nach der er sucht – der ideale Freund, dem er sich ganz offen gegen kann und doch geliebt wird für das, was er ist und nicht für das, was er vorgibt zu sein."

Don Bachardy wird ein gesuchter Porträtist auch vieler Prominenter in Hollywood: Montgomery Clift, Katherine Hepburn, Igor Strawinsky und Aldous Huxley haben ihm Modell gesessen. In all den Jahren fertigt er auch etliche Zeichnungen von Christopher an, in denen sowohl dessen markanter Schädel, die glattsträhnigen Haare als auch vor allem seine strahlend blauen Augen, die viele Menschen faszinierten, dargestellt sind.

Nude von Don Bachardy

Isherwoods Biograph Claude Summers sieht das grösste Werk der beiden in ihrer gemeinsame Liebesgeschichte. Im Interview hatte Isherwood gesagt:

„You see a human being in all his magic extraordinariness. And you know that you can never understand him, never take him for granted. He's eternally unpredictable – and so are you for him if he loves you. And that's the tension. And that's what you hope will never end."*

Im letzten Lebensjahr seines Partners hatte Bachardy wie besessen eine intensive Serie von Kopfstudien des Kranken gezeichnet. Das Sterben, schreibt Bachardy, wurde auf diese Weise etwas, „was wir zusammen machten". Als er die letzte Zeichnung beendet hatte, habe er sich gefragt, was Christopher wohl dazu gesagt hätte, wenn er seinen Körper so zeichnete. „Er hätte gesagt: ‚Ja, das würde ein Künstler tun'. Und das war's, was der Künstler tat."

Über dreißig Jahre bis zu Isherwoods Tod 1986 wohnten und arbeiteten sie in ihrem Haus in Santa Monica. Eineinhalb Jahre nach Isherwoods Tod lebte Bachardy mit einem jungen Architekten noch zehn Jahre zusammen. Nun lebt er allein, malt Porträts und stellt seine

* *Gay Sunshine Interviews*, S.196

Bilder in der Craig Krull Galerie in Santa Monica aus. Er kümmert sich mit Verve um Isherwoods Nachlass, die Veröffentlichung seiner Tagebücher, Editionen und Neuübersetzungen von Isherwoods Büchern. Zur Vorstellung einer dieser Neuübersetzungen reiste Don Bachardy, selbst 81 Jahre alt, 2014 nach Berlin und besuchte auch den Schöneberger Kiez und das Haus Nollendorfstraße 17. Eine Gedenktafel erinnert heute am Haus an Christopher Isherwoods Aufenthalt hier und sein literarisches Wirken in Berlin.

Jean Cocteau, Jean Marais und Édouard Dermit

Jean Cocteaus 1929 erschienenes Buch *Livre Blanc* beginnt mit den Worten :

„Soweit ich zurückdenken kann, finde ich Spuren meiner Liebe zu Knaben. ... Ich habe immer das starke Geschlecht geliebt und finde es legitim, es das schöne Geschlecht zu nennen." Schon sein Schulkamerad Dargelos hatte ihn fasziniert, er zeichnete ihn und beschrieb ihn im *Livre Blanc*:

„Das offenstehende Hemd unterstrich seinen langen Hals. Eine kräftige Locke kringelte sich um seine Stirn. Sein Gesicht mit den etwas stumpfen Lippen, ein wenig zugekniffene Augen und die runde Nase verkörperten ... einen Typ, der verhängnisvoll für mich werden sollte."

Jean Cocteau, 1889 geboren, ist einer der schillernsten französischen Künstler der ersten Hälfte des 20. Jahrhunderts. Überzeugt von seinem Talent ging er ohne Schulabschluss nach Paris. Cocteau schrieb Gedichte, und kannte schnell *tout le monde*, bereits als 20-jähriger porträtierte ihn Modigliani. Zehn Jahre später trifft er den 16-jährigen frühreifen Dichter Raymond Radiguet. Vier Jahre bis zu dessen Tod lebt und reist Cocteau mit ihm. Von Radiguets Talent überzeugt, motiviert er ihn zum Schreiben und hilft, dass Radiguets erster Roman *Le diable au corps*, den er als 18-Jähriger geschrieben hatte, veröffentlicht wird.

Der Roman ist bis heute ein überzeugendes Porträt der beginnenden zarten Liebe eines 16-jährigen Jungen zu einer älteren Frau namens Marta, die gerade den Soldaten Giacomo heiratet und trotzdem von der Unschuld ihres jungen Liebhabers angerührt ist. Sie gebiert einen Sohn, stirbt kurz darauf und ruft im Sterben den Namen ihres Liebhabers.

Cocteau selbst bezeichnet sich als *poète*, doch sein Talent ging weit darüber hinaus: neben Gedichten schrieb er Theaterstücke, zeichnete, malte, verfasste die Drehbücher seiner Filme und führte Regie. Zudem arbeitete er mit Picasso und dem Komponisten Erik Satie für die „Ballets Russes“ und schrieb ein Stück für den 1933 aus Deutschland emigrierten „roten Tänzer“ Jean Weidt. Für Igor Strawinsky entwirft er Plakate, schreibt das Libretto zu *Oedipus Rex* und erarbeitet gemeinsam mit ihm das Balett *David*.

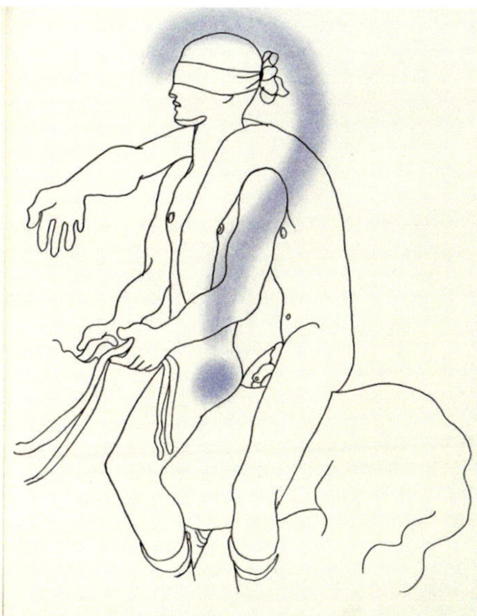

Zeichnung von Cocteau

Cocteau malte und zeichnete junge Männer mit sicherem, unverkennbaren Strich, Konturen und Silhouetten. Die Zeichnungen in seinem *Livre Blanc* – erstmals 1949 in 500 Exemplaren veröffentlicht – sind explizit homoerotisch. Die dargestellten Matrosen, mit der Zigarette lässig im Mundwinkel, auf dem Kopf ein schräg sitzendes Käppi, eng anliegenden Hosen sind in hervorgehobener Männlichkeit dargestellt, die Cocteaus Neigung klar zeigt. Schon als 15-jähriger war er von zu Hause ausgerissen, um die Matrosen in Marseille tanzen zu sehen.

Sein Film *Orphée* lief in den 1950er-Jahren monatelang jeden Sonntag in der Matineévorstellung des „Kiki" (Kino im Kindl), nach dem Krieg eines der ersten Lichtspielhäuser auf dem Kurfürstendamm in Berlin. Das Plakat zeigt den Kopf des Hauptdarstellers Jean Marais, auf den Cocteau 1937 getroffen war. Auch der junge Gärtner Édouard Dermit, den Cocteau 1948 angestellt hatte, spielt in dem Film seinen ersten Part als Schauspieler.

Der zierliche, in seiner Jugend körperlich schwache, jedoch stets elegant gekleidete Cocteau, mit schmalem Kopf und gelocktem Haar, hatte ein Faible für den seiner Körperlichkeit entgegengesetzten Männertypus: kräftige Figuren in klassischer Heldenproportion zogen ihn an. Von 1933 an lebt er vier Jahre mit einem 20-jährigen Marokkaner Marcel zusammen, mit dem er eine Reise um die Welt in 80 Tagen unternimmt; mit ihm spricht er wieder dem Opium zu, wovon er nicht mehr loskommen wird. Marcel stirbt 1940 im Krieg.

Als Cocteau 1937 den 23 Jahre jüngeren Schauspieler Jean Marais trifft, der sein Ideal verkörpert, wird dieser sein Liebhaber und bleibt bis zu Cocteaus Tod sein Freund. Von 1938 an lebten und arbeiteten beide zusammen. Marais' Liebeserklärung an Cocteau spannt einen weiten Bogen:

„Deine Hände sind gemeißelt für Freundschaft und Liebe, sind aus Sanftheit und Großmut, aus Einfachheit und Eleganz gemacht. Hände eines aufmerksamen Arbeiters, eines genialen Schöpfers. Geschmeidig, flink unergründlich und klar. Du hast die Hände eines Malers, eines Bildhauers, eines Königs. Du hast Dichterhände, Hände eines guten Geistes. Als sie mich 1937 berührten, wurde ich geboren. Mehr als meine Eltern hast Du mir Leben geschenkt", schreibt Marais in einem Brief an Cocteau.

Der schreibt nun Rollen für Jean Marais, wie die Figur des Orphée; beide entwickeln Stücke zusammen, wie *Les parents terribles*, das an Marais' Familie angelehnt ist.

Filmplakat *Orphée* mit Jean Marais

„Für Deutschland war Cocteau (genau das, was er überhaupt nicht sein wollte) Inbegriff des Französischen, des Pariserischen. Also witzig, kokett, affektiert, skandalträchtig. Darüber hinaus begabt mit einem Hang zum Surrealistischen, Romantischen, Phantastischen, Mythologischen, den man hierzulande den Franzosen gern verzeiht, ganz ohne germanische Schwerfälligkeit", schrieb der Kritiker Joachim Kaiser anlässlich der deutschen Ausgabe von Cocteaus Tagebüchern 1951–1952.

Das Leben und Arbeiten mit Jean Marais erwähnt Joachim Kaiser nicht, oder meinte er das mit „skandalträchtig"? Möglich, dass er auch darauf anspielt, dass Cocteau Jean Genet entdeckt und seinen Verlag veranlasst hatte, die Romane *Notre Dame des Fleurs* und *Querelle de Brest* herauszubringen. Seine Bewunderung für den bereits neunmal verurteilten, diesmal im Gefängnis wegen Bücherdiebstahls einsitzenden Genet hatte Cocteau veranlasst mit Jean Paul Sartre 1948 eine Petion an den Staatspräsidenten Auriol zu richten. An Verlaine und Rimbaud erinnernd hatte Cocteau vor Gericht gesagt: „Einen Dichter verurteilt man nicht!" Genet wurde begnadigt.

Der Bildhauer Arno Breker, der in den 1930 Jahren in Paris arbeitete und dessen Plastiken Cocteau schätzte, war damals in

Bronzeplastik *Die Partei* von Arno Breker

Frankreich berühmt geworden. Während der deutschen Besetzung von Paris hatte er 1942 im Grand Palais eine Ausstellung seiner Plastiken. Breker macht später auch Portraitbüsten von Cocteau und Marais. Es heißt, Cocteau hätte am liebsten Großplastiken der Breker'schen Athleten um die Place de la Concorde aufgestellt, wie Mussolinis Athleten um das Stadion des olympischen Forums in Rom. Brekers Biographie, seine Karriere unter allen politischen Systemen ist bemerkenswert: Er hilft dem „Kommunisten" Picasso gegen die Gestapo – der Picasso bei einem Atelierbesuch auf die Frage, was das Bild *Guernica* darstelle, geantwortet haben soll: „Sie".

Breker hatte viele Staatsaufträge im Dritten Reich, wo seine martialischen Männer als überlebensgroße Plastiken an vielen Orten aufgestellt wurden. Hitler ließ ihm in Berlin-Dahlem ein Ateliergebäude errichten, in dem er die Großplastiken für das von Albert Speer geplante „neue" Berlin erarbeiten sollte. Nach dem Krieg nur als „Mitläufer" eingestuft, arbeitete Breker erfolgreich weiter, machte Brunnen und Architekturplastiken für den damals führenden Gerling Versicherungskonzern und Portraitbüsten von Adenauer und Erhard, so wie er vorher eine Bronzebüste Hitlers geformt hatte.

Jean Cocteau werden wegen seiner Karriere während der deutschen Besatzung von Paris (seit 1941) Vorwürfe als Kollaborateur gemacht, aber er sieht sich als *poète* – als Künstler, der als solcher nur Sympathie für die blonden, kräftigen Deutschen hat, da sie so sehr seinem ästhetischen Ideal entsprechen. Er sieht keinen Grund sich anders zu verteidigen. Unwichtig scheint ihm politische Haltung. Und so arbeitet er mit dem „Kommunisten“ Picasso und dem „roten“ Choreographen Jean Weidt, verkehrt mit den Regimegünstlingen Arno Breker und Leni Riefenstahl.

Ohne Bruch setzt er seine Arbeit nach dem Krieg fort. Er hatte mehr Glück als die berühmte Schauspielerin Arletty, deren Liaison mit einem deutschen Offizier das Ende ihrer Karriere bedeutet. Auch Coco Chanel flieht vor dem Vorwurf der Kollaboration mit den Deutschen in die Schweiz und kehrt erst 1955 nach Paris zurück. In dem Jahr wird Cocteau in die *Académie Française* gewählt. Als Cocteau zu seiner Antrittsrede in die Academie fährt, begleitet ihn Jean Marais im Smoking und umarmt ihn gratulierend vor den laufenden Kameras.

Schon gleich nach dem Krieg 1947 kaufen Cocteau und Marais zusammen ein altes Anwesen in Milly-la-Forêt ausserhalb von Paris. Mehr und mehr ziehen sie sich auf diesen Landsitz zurück, wohnen und arbeiteten dort. Cocteau engagiert den 22-jährigen blendend aussehenden, aus der Lorraine stammenden Édouard Dermit, der wie sein Vater im Bergbau gearbeitet hatte, als Gärtner und Modell. Auch Dermit malt und posiert für Herbert List bei seinem Besuch in Milly-la-Forêt 1948 als liegender Akt vor einem Wandteppich von Cocteau. Ein Jahr später machen Cocteau, Marais und Dermit eine Tournee nach Ägypten, den Libanon und in die Türkei mit Theaterstücken Cocteaus.

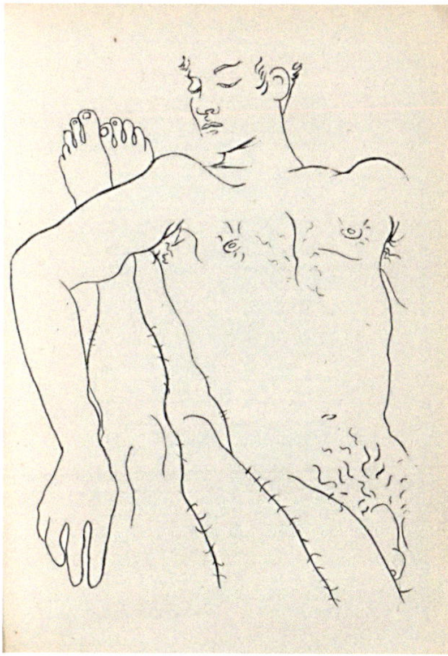

Illustration zu *Querelle*

Später, in den 1950 Jahren kommt es zu einer Entfremdung zwischen Marais und Cocteau, der weiter oder wieder vom Opium abhängig ist. Cocteau unternimmt Reisen mit Édouard Dermit und der

Mäzenatin Francine Weisweiller u. a. nach Italien, Griechenland und Spanien. Jean Marais hat in diesen Jahren viele Filmrollen, dreht unter Luchino Visconti, Jean Renoir und Sacha Guitry. Er ist oft abwesend und Cocteau wird in dieser Zeit von Édouard Dermit betreut, der auch in Filmen Cocteaus spielt und weiter selbst malt. 1959 hat Édouard Dermit eine erste Ausstellung seiner Bilder in Paris.

1963 stirbt Cocteau an einem Lungenödöm in Milly-la-Forêt, kurz nachdem er vom Tod seiner engen Freundin Edith Piaf erfahren hatte. Seinen Nachlass erhält Édouard Dermit, den Cocteau adoptiert hatte. Obwohl Dermit – wegen seines sanften Wesens und guten Charakters von allen Doudou genannt – 1960 geheiratet hatte und zwei Söhne hat, kümmerte er sich weiter um Cocteau.

Jean Marais überlebte Cocteau um fast dreißig Jahre. 1975 veröffentlicht er mit *Histoire de ma vie**, seinen Bericht über Leben und Arbeiten mit Jean Cocteau. Ihre künstlerische Zusammenarbeit ist in den ersten zehn Jahren eine Symbiose, in der der junge Schauspieler von der Erfahrung und dem Rat seines Liebhabers profitierte und reifte bis er Mitte dreißig war.

Cocteau wiederum ließ sich von der attraktiven Gestalt, dem Geist und der Seele des jungen Marais zu Film- und Theaterprojekten, Stücken und Liebesgedichten inspirieren. Jahrelang liegt jeden Morgen ein neues Gedicht am Boden unter Marais' Zimmertür. Einige davon veröffentlichte er im Anhang zu seinen Erinnerungen.

Gedichte von Jean Cocteau an Jean Marais:

Banderole – Das Band

« Un amour défendu», disent les moralistes
Pourtant de nos pareils je consulte la liste
Sur une banderole en soie
Je lis les plus beau noms qui soient

* dt.: „Spiegel meiner Erinnerung"

„Eine verbotene Liebe“, sagen die Moralisten
Gleichwohl frage ich, wo unseresgleichen verzeichnet ist
Auf einem Band aus Seide
Lese ich die schönsten Namen, die es gibt.

Merci – Danke
Je pensais, j'ai vécu la moité de ma vie
De vivre je n'ai plus envie
Tu viens et tu sortais de ce monde inconnu
(C'est de là que tu m'es venu)
De ce monde d'énigme où vivent les autres
Les indifférentes et les notres
Tu sortais du destin qui forme son mystère
Avec les secrets de la terre
Tu m'es venu de là vers mes sens mécontents
Comme les pollens du printemps
Tu m'es venu, Jeannot, comme une poudre d'arbre
Comme on trouve un Eros de marbre
Peu a peu je savais, je te reconnaissais
Et j'ai compris que je naissais.

Ich dachte, ich habe schon die Hälfte meines Lebens gelebt,
und habe keine Lust mehr zu leben
Da kamst Du aus jener unbekannten Welt
(Von dort her bist Du zu mir gekommen)
Aus jener geheimnisvollen Welt, wo die anderen leben,
Teilnahmslose oder unseresgleichen
Du bist dem Schicksal entsprungen, das sein Mysterium
Mit den Geheimnissen der Erde formt.
Du bist von dorther gekommen
    meinen unzufriedenen Sinnen entgegen
Wie die Pollen des Frühlings
Du bist zu mir gekommen, Jeannot,
    wie der Blütenstaub des Baumes

Wie man einen marmornen Eros findet
Mehr und mehr wusste ich, erkannte ich Dich
Und ich verstand, dass ich neu geboren wurde.

Demain – Morgen

J'ai toujours soffert du mensonge
Peut-on aimer un cœur qui ment?
Près de toi le passé me semble un mauvais songe
Mon Dieu, mon Roi, mon fils mon ami, mon amant

Immer habe ich unter der Lüge gelitten.
Kann man ein Herz lieben, das lügt?
Nahe bei Dir scheint die Vergangenheit ein böser Traum –
Mein Gott, mein König, mein Sohn,
mein Freund, mein Geliebter.

Jean Marais wurde über die Jahre ein gesuchter Filmschauspieler. Sein „Graf von Monte Christo" gilt als eine der besten Interpretationen dieser Rolle. Daneben spielt er Theater und inszeniert auch selbst an der *Comédie Française*, deren Mitglied er Anfang der 1950 Jahre geworden war.

Wie Cocteau war er dabei oft auch sein eigner Bühnen- und Kostümbildner. Er lässt keinen Zweifel daran, wie sehr ihn Cocteau über 23 Jahre prägte. Am Schluss seines Buchs schreibt Marais:

„Die Schönheit liegt nicht nur in Jean Cocteaus Versen: Sie entspringt seiner großen Güte, seinem Adel und seinem Großmut, ... denn er war einzig und allein Dichter und sein Herz war von Freundschaft und Liebe erfüllt. Bluttinte strömte daraus hervor und ergoss sich bis unter meine Tür. Ich kann meine Erinnerungen nicht besser beschließen, als mit dem, was mir als Liebstes zurückgeblieben ist, mit dem Schatz ‚meiner' Gedichte."

Auch in Édouard Dermits Arbeiten wirkt Cocteau weiter. Er vollendet die Bilder in der Kapelle Notre-Dame-de-Jerusalem in Fréjus, die Cocteau nicht mehr fertigstellen konnte und gibt einen Band *Mes Monstres sacrés* mit Porträts heraus, die Cocteau über die Jahre geschrieben hatte. Nach Doudous Tod 1995 verkauft sein Sohn Milly-la-Forêt an seinen Patenonkel Pierre Bergé, der aus dem Haus das Musée Cocteau macht. Stéphane, Doudous Sohn, ist im Vorstand des Museums. Liebevoll werden hier mit Cocteaus Gedichten, Theaterstücken, Büchern, Zeichnungen und Katalogen die männlich-erotischen Bande über die Generationen hinweg dokumentiert.

Gilbert and George

Die beiden 1942 bzw. 1943 geborenen Maler waren Mitte Zwanzig als sie sich in London an der St. Martins School of Art kennenlernten und – wie George in einem Interview sagte – „it was love at first sight". Gilbert Prousch und George Passmore haben sich von Anfang an als Paar „Gilbert and George" inszeniert *„very British, impeccably dressed, British tailored suit, shirt and tie."* Jahrzehnte arbeiteten und wohnten sie im Londoner East End, einem Viertel, das für sie „Abbild des Kosmos" wegen der Mischung der dort lebenden Menschen vieler Rassen und Religionen ist. „Wir wollten uns zu Objekten in der Kunst machen, so dass all unsere Schmerzen und in uns steckenden Gefühle Teil des Kunstwerks werden." Auf die Frage, worin sie sich unterscheiden, antworten sie, sie seien zwar zwei Personen, aber nur ein Künstler. Das sei ihr Geheimnis.

Ihre frühen oft riesigen Bildtafeln sind streng aufgeteilt in schwarzumrandete Felder wie die Sprossen der Vertikalschiebefenster englischer Häuser. Auch bleiverglaste Kirchenfenster mit ihren durch das Metall gefassten farbigen Gläsern, waren eine ihrer formalen Inspirationen. Anfangs nur in schwarz-grau-weiß Tönen, werden ihre Bilder später farbig, realistisch, von Pop-Art beeinflusst, oft unter Verwendung von Fotos.

Anfang der 1970er-Jahre fand erstmals eine Ausstellung von Gilbert and George im Münchner Lenbachhaus statt, da hatten die beiden Maler kaum fünf Jahre zusammen gearbeitet. Die spießig korrekt gekleideten Künstler und die Bilder fand man damals eher befremdlich, aber dass da zwei Männer als Paar ihre Namen und Arbeit zu einer Einheit verbanden und sich auch noch auf fast allen Bildern selbst in Szene setzten, machte vielen Homosexuellen Eindruck.

Gilbert and George in jungen Jahren

„Als wir anfingen war es unvorstellbar, dass zwei Menschen, und dann auch noch zwei Männer zu einem Künstler verschmelzen. Dass wir – und dann auch noch nackt – auf einem Bild abgelichtet sind," meint Gilbert im Interview mit Heinz-Norbert Jocks, „wir glauben, dass der Sex die Lebenskraft, ja der Motor des Lebens ist. Aber wir wollen weder schwule noch heterosexuelle, sondern sexuelle Kunst machen." George erinnert sich an einen weißen Jungen. Er war nicht älter als dreizehn oder vierzehn Jahre. Mit Tränen in den Augen erzählte er ihm, wie wohl er sich fühle, in der Ausstellung vor ihrem Bild *Naked Love* von 1982 zu stehen.

Gilbert and George leben und arbeiten nun schon über vierzig Jahre zusammen. Sie sind weltberühmt. 2007 hatten sie eine große Retrospektive in der Tate Modern in London.

Die Maler arbeiten inzwischen mit Computern und setzen eine veränderte, reiche Farbpalette ein. Ihre thematischen Bildzyklen provozieren besonders stark durch den Gegensatz ihres bürgerlichen dress-code zusammen mit den Taboos *„Sex, race, religion and national (British) identity"*. Die riesigen Bildtafeln sind fast immer symmetrisch aufgeteilt, oft in quadratische Felder und wirken dadurch noch monumentaler.

In einigen Zyklen hatten sie nicht nur Fotos von sich, sondern auch *„Blood, shit and piss"*, Ausscheidungen und Körperflüssigkeiten zusammen mit Fotos von Krieg, Gewalt und Demonstrationen in ihre Bildern integriert. In ihren *New Testamental Pictures* blicken sie den Betrachter schutzlos frontal nackt an – wie einst Dürer – und veranlassen durch diese Haltung den Betrachter genauer über die Inhalte der monumentalen Bildtafeln nachzudenken. Oft sind ihre Themen politisch: Brutalität des Krieges, Umweltzerstörung, Ausgrenzung und was ihrer Meinung nach alle beschäftigt: „Sex, Geld, Rasse, Religion, Tod, Hoffnung, Leben und Angst."

Mit einem farbigen Zyklus der Union-Jack-Fahne in allerlei Variationen haben sie versucht, den britischen Nationalstolz zu relativieren. Für Toleranz und Vielfalt stehen ihre Tafeln mit Kontaktanzeigen aus den Boulevardzeitungen. Bei einer Ausstellung dieser Bilder hatten sie beobachtet, wie sich eine ältere Dame Telefonnummern aus den Anzeigen eines Bilds notierte. Sie meinen: „Unsere Kunst fördert aus dem tiefsten Inneren des Bigotten das Liberale zutage." Zu Jocks sagten sie: „All die Gefühle, die wir in uns tragen, und einfach alles, womit wir uns herumschlagen müssen um zu überleben, gehören zu unseren Themen. Zudem zeigen wir uns selbst, und in dem Augenblick, da wir das tun, zeigen wir jedermann, dass wir uns im Inneren alle ungefähr gleichen."

Ein anderer Zyklus besteht aus montierten Schlagzeilen der skandalsüchtigen britischen Zeitungen – der *tabloids*. Immer provokativ in ihren Bildern, sind Gilbert and George zur Verwunderung ihrer Fans politisch eher konservativ, mit der Begründung, sie wären gegen jegliche Gleichmacherei und wollten Individualität schützen. „Wir halten Schönheit für ein wirkungsvolles Vehikel und Werkzeug. Mit Hilfe von extremer Schönheit lässt sich eine emotionale Beziehung zum Betrachter herstellen. Sie sehen eine Ausstellung, gehen nach Hause und die Dinge haben sich für sie verändert. Menschen und das tägliche Leben verändern sich durch Kunst. Und wenn die Menschen verstehen, werden sie toleranter," sagt George, „wer toleranter ist, kann ‚Liebe' verstehen, und wer diese wiederum begreift, kann auf der Welt alles tun! Das ist die größte treibende Kraft."

Heute sagen sie, sie seien zwar etablierte Künstler, gehörten aber nicht zum Establishment. Das sei etwas anderes. Sie haben eine perfekte Medienpräsenz, zeigen in ihren Videos, wie sie – inzwischen nicht mehr im East End – in ihrer „Kunstfabrikhalle" mit Fotografie und Computern arbeiten, riesige Ausdrucke machen und ihre Werke herstellen. Wären es nicht mit Neon- und LED-Licht ausgeleuchtete Ateliers, fühlte man sich an Werkstätten der erfolgreichen Maler früherer Jahrhunderte erinnert. Allerdings fehlen in ihren Videos die vielen jungen Helfer und Modelle.

Pierre et Gilles

Die beiden bildhübschen Franzosen lernten sich als gut 20-jährige 1976 in Paris kennen. Es muss gleich gefunkt haben, denn der blonde Gilles Blanchard und der schwarze Pierre Commoy wurden schnell ein Paar. Gilles hatte an der *École des Beaux Arts* Malerei studiert, der drei Jahre jüngere Pierre noch zu Hause in Le Havre Fotografie. Als sie sich kennenlernen arbeiten sie in Paris für Zeitschriften als Fotograf und Grafiker.

„Zunächst war, was uns verband eine reine Liebesgeschichte", sagt Gilles, „erst nach einem Jahr fingen wir an, an einer Sache zusammen zu arbeiten.

Pierre machte Fotos und ich selbst malte. Zunächst kümmerten wir uns gar nicht darum. Aber eines Tages passierte es, dass wir zusammenarbeiteten, ganz ohne Plan. Der Grund dafür war wohl, dass wir dauernd aufeinander hockten. Pierre hatte Fotos gemacht und ich hatte Lust, die Fotos zu bemalen. Heute, soviele Jahre danach sind wir zusammen, weil wir zusammen arbeiten. Das ist das Zusammenspiel des Lebens."

Seit Beginn verbinden sie Pierres Fotografie mit Gilles Grafik und Malerei. Wie sie das machen? Pierre und Gilles sagen, sie filterten die Fotos, idealisierten die Linien mit dem Pinsel. Es sei wie ein Streicheln. Aber sie machen viel mehr: Auf der Grundlage inszenierter und später nachbearbeiteter, mit Aquarellfarben kolorierter, weichgezeichneter Fotos fabrizieren sie Bilder, die über das Portrait der abgebildeten Personen hinausgehen. Sehr farbig, und meistens auch märchenhaft

Pierre et Gilles: *Le Totem*

schön. Die Grenze zum Kitsch überschreiten sie dabei ohne Skrupel. Ihre Inszenierungen von Modellen und Porträts sind in den arrangierten und gemalten Decors im Stil unverwechselbar.

Die attraktiven Modelle, fast ausschließlich Männer aller Hautfarben, meist Mitte 20 – „die sich gerne über ihre Körper ausdrücken" – stellen sie oft in eine Geschichte, lassen sie eine Rolle einnehmen, geben ihnen einige symbolische Assessoires zur Seite, inszenieren sie, was an die frühen Schwarzweißfotos der Handwerker von August Sander denken lässt. So werden diese Männer zu den maritimsten Matrosen in Marseille, zum traurigsten, ausgetrockneten Soldaten in der Sahara, zum kontemplativ fröhlich pinkelnden Gärtner im Blumenbeet. Viele Bilder sind umrahmt von fotografierten oder gemalten Girlanden, zum Bild passenden Motiven: Luftblasen beim Taucher, Engelchen bei der Heiligen. Viele Jahre haben sie einen laotischen Kostümbildner in ihrem Studio, den sie von einer ihrer Asien-Reisen nach Paris mitgebracht hatten. Die bunte Blütenwelt der Tropen fließt so öfter in die Inszenierung ihrer Fotos ein.

Sich selbst haben sie oft als Paar in allen möglichen Rollen und Kostümen portraitiert. Auf einem Foto von 1992 steht Gilles in weißem Brautkleid mit Strauss im Arm und Pierre in schwarzem Anzug als Bräutigam. 1998 in ihrem Doppelporträt *Les portes du Rève* ist im linken Bild Pierres nackter Torso frontal und im rechten Bild Gilles Torso von hinten jeweils vor einem Disco Hintergrund zu sehen.

Ein Vorbild für diese Art von geschönter, manipulierter, von manchen als übertrieben süßlich gesehenen Inszenierungen war der amerikanische Fotograf James Bigwood, dessen Film *Pink Narcissus* Pierre et Gilles kannten. Außerdem hatten sie in Indien Bollywood besucht. Kitsch oder nicht, ihr Ruf, die fotografierte Person durch ihre Inszenierung als besondere Figur zu porträtieren, muss sich sehr schnell herumgesprochen haben. Pierre et Gilles wurden ein Markenzeichen. Sie machen Porträts der wichtigsten französischen *vedettes* von Mireille Mathieu, Isabelle Huppert, Cathérine Deneuve bis zu Madonna, Kylie Minogue und Nina Hagen. Die Porträtierten sind bestens ins Licht gerückt, ihrem Image entsprechend in typischer Garderobe, passend zu ihrer Person malerisch umrahmt. Aber sie bleiben dabei sehr persönlich, sympathisch. Pierre sagt, es sei ihnen unmöglich Porträts von jemandem zu machen, den sie nicht leiden können. Manche Kritiker meinen, sie machten aus den Porträtierten neue Kunstfiguren.

Dem Einwand einer zu schönen Darstellung widersprechen sie in einem Interview: „Wir idealisieren gern, aber wir sprechen auch vom Tod, von dem Mysterium und der Befremdlichkeit des Lebens. In unseren Bildern ist genau soviel süße Zärtlichkeit wie Grausamkeit." „Es geht uns darum so aufrichtig, wie echt zu sein," sagt Gilles, „wir wollen uns so geben, wie wir sind. Wer etwas liebt, muss dazu stehen, und dann hat er auch keine Angst mehr, es zu lieben. Anders zu leben, kann ich mir nicht vorstellen."

Auch wenn Pierre et Gilles den Heiligen Sebastian darstellen, dann bleibt die Figur schmachtend leidend und wunderschön, trotz des heraustropfenden Bluts an den Stellen seines Körpers, wo ihn die Pfeile verletzt haben, wie bei den Renaissancemalern, denen das Leiden des Heiligen Vorwand und Rechtfertigung war, einen schönen, fast nackten Mann zu malen.

1997 wurde im Münchner Stadtmuseum eine große Ausstellung ihrer Arbeiten gezeigt. Auf dem Ausstellungsplakat sah man einen bunten Garten mit einem jungen Gärtner, der seinen kräftigen Strahl in ein Blumenbeet lenkt.

Pierre et Gilles haben Freude an der Provakation. Sie haben „skandalöse“ Titelbilder für Zeitschriften, Covers für CDs, Ausstellungsplakate und Werbefotos gemacht. Auch nach bald vierzig Jahren ist ihr bunt-heiteres Konzept männlicher Nacktheit immer noch kontrovers. Wenn sie einen nur mit seinem Palästinenserkopftuch bekleideten Mann zeigen, der sich von einem nur mit Kippa und Davidstern geschmückten Mann nackt unter Palmen umarmen lässt, ist die Botschaft klar und provokant. Gleichzeitig sind diese so dargestellten Paare natürlich auch „Projektionsflächen schwuler Träume“, wie Mario Fuhse meint. Pierre findet, es gelänge ihnen mit ihrer Arbeit sehr direkt über Homosexualität zu sprechen und gleichzeitig ginge es um Heterosexualität, „vielleicht aus unserer Sicht.“ Aber ihre Kunst spräche jeden an und es sei nicht ihre

David und Jonathan

Absicht eine spezifisch homosexuelle Kunst zu machen. Sie seien eben so.

Gilles meint, „in unserer Kunst herrscht ein großes Maß an Sinnlichkeit. Der Körper, seine Ausstrahlung und das Gesicht sind uns wichtig, was in der Kunst ja nichts ungewöhliches ist. Selbst in der abstrakten Kunst nicht. Vielleicht sprechen Homosexuelle mehr vom Körper als andere Künstler."

Vive la France

(Helmut Newton wäre allerdings dann die spektakuläre Ausnahme des auf den weiblichen Körper bezogenen heterosexuellen Fotografen.)

Für das Plakat zur Ausstellung *Nackte Männer, von 1800 bis heute* 2012 im Leopold-Museum in Wien, wurde ihre Arbeit mit dem Titel *Vive la France* ausgewählt.

Auf dem Plakat-Foto stehen drei nackte Fussballspieler mit Strümpfen, Schuhen und jeweils einem Ball vor den Füssen nebeneinander. Ein Schwarzer, neben einem Araber und dieser neben einem Weißen, so „wie Gott sie schuf ". Das Plakat sollte die kulturelle Einheit Frankreichs in der ethnischen Vielfalt zeigen. Nachdem das Poster in Wien plakatiert wurde, musste es nach wütenden Protesten mit einem roten Balken quer über die anstössige Zone der drei Spieler überklebt werden. In der Nähe von Schulen und Kindergärten wurde das Plakat durch ein Egon-Schiele-Bild eines nackten Mannes ersetzt. „Offensichtlich sei die Unmittelbarkeit der Fotografie ein Problem", kommentierte das Museum. Natürlich zensierte auch der amerikanische „Sittenwächter“ Facebook die Website des Wiener Museums mit einem retuschierten Foto.

Besucherin vor Ausstellungsplakat *Nackte Männer*

Für die gleiche Ausstellung in Paris im Musée d’Orsay bearbeiteten Pierre et Gilles für das Plakat eines ihrer älteren Fotos: einen Rückenakt in dunklem Farbton. Auf der Titelseite des Feuilletons der Süddeutschen Zeitung (30. Mai 2015) unter der Überschrift „Gespaltene Moral“ prangte als Illustration ihr Bild *Jungfrau mit Schlangen*. Die Jungfrau im Zentrum des Bilds ist ein blondgelockter Rauschgoldengel, eine Madonna mit Strahlenkranz, nur dass die güldenen Strahlen nicht vom Kopf, sondern aus der Mitte ihres Körpers ausgehen. Die Sängerin Kylie Minogue war das Modell, in langer, blonder Lockenpracht, um deren gold gekleidete Figur herum symetrisch gekurvte Schlangen und ovale Medaillons angeordnet sind. In den umkränzten Medaillons, jeweils zwei seitlich und eines über der Jungfrau, steht ein idealisierter junger Mann mit Engelsflügeln in weißen Jeans und nacktem gut trainiertem Torso um die strahlende Madonna drapiert.

Conchita Wurst fotografierten sie im roten, tiefdekoltierten Kleid von Jean-Paul Gaultier von einem Kranz von roten Lippen eingerahmt.

Heute, beide über sechzig Jahre alt, sind Pierre et Gilles nicht mehr blond oder schwarz. Sie haben mode- und altersgemäss rasierte Köpfe, sie arbeiten weiter in ihrem Atelier in Paris, ihr Ruhm wächst, und die Ausstellungen ihrer Arbeiten in Europa, Asien und Amerika werden immer zahlreicher.

Patrick White und Manoly Lascaris

„Patrick White fand seine Stimme als Konsequenz des Weltkriegs und nach der Entdeckung der Liebe seines Lebens, Manoly Lascaris," schreibt Peter Craven im Vorwort zu *Happy Valley*. Das Umschlagfoto des ersten 1939 erschienenen Romans zeigt White – sein Hund auf einem Traktor – als hochgewachsenen, attraktiven jungen Mann, knapp zwanzig Jahre, Cowboyhut, enge Arbeitshose und Stiefel *jackerooing* – als Helfer der Viehzüchter – in der endlosen Weite australischer Schafweiden.

In Happy Valley hat White sein fast zweijähriges Erleben und Arbeiten auf zwei Schaffarmen eingebracht. Er hätte dort – entsprechend dem Willen seines aus einer reichen Landbesitzerfamilie stammenden Vaters – durch *jackerooing* zum harten Kerl werden sollen. Aber ganz so hat das zum „richtigen" Mann werden nicht funktioniert. Im Gegenteil verstärkte sich Whites Hinwendung zu Männern. Die hilflos schüchternen Gedanken seines Helden – *„Chuffy Chambers did not like the talk about girls because they were a sort of unrealized ambition with him"* – deuten an, was noch Jahrzehnte in Australien unausgesprochen bleibt: Die Neigung mancher Männer zu anderen Männern. Seinem Biografen David Marr berichtet White später von seinem ersten *„red haired"* in dieser Zeit. Allerdings hat White durch die Arbeit in diesen beiden Jahren eine bleibende Neigung zur Natur Australiens bekommen. Er hat das Land und die von ihm lebenden Menschen richtig kennen, aber nicht unbedingt lieben gelernt.

In London geboren, wohnen er und seine Schwester betreut von einer Nanny schon immer getrennt von den Eltern. Der Knabe wird auf verschiedene Internate geschickt und bezeichnet später die letzten Schuljahre als „vierjährige Gefängnisstrafe". Er liest viel, ist an Theater und Kunst interessiert und hat damals schon das Bewusstsein als Homosexueller anders, ausgeschlossen und mit trüben Gedanken einsam zu bleiben. Die enge Freundschaft mit einem älteren Jungen wird durch dessen Schulabschluss abgebrochen. Eine romantische Liebesbeziehung zu einem Collegekommilitonen endet, als dieser sich über seine Neigung zu Männern klar wird und daraufhin katholische Theologie studierte, wie viele homosexuell empfindende Männer bis heute.

Nach dem pädagogisch missglückten Viehzüchterpraktikum kann er seine Eltern überzeugen, wieder nach London zu gehen. Sein Interesse für Malerei, Theater und Literatur ist einfach zu groß. Er studiert in Cambridge deutsche und französische Literatur, begegnet dem Maler Francis Bacon, lernt in dem 18 Jahre älteren australischen Maler Roy de Maistre einen Freund und Mentor kennen. Jetzt überarbeitet er sein während der Farmzeit geschriebenes *Happy Valley* und widmet es Roy de Maistre. White findet einen Londoner Verlag und bekommt auch gleich Anerkennung für das Buch :

„One of the most mature first novels of recent years" (Graham Greene)

Bei Reisen nach Frankreich und Deutschland 1933 und 1935 hat er *a love affair with Germany*, aber in Heidelberg erlebt er Bücherverbrennung, staunt über die „Nazimentalität", den Aufstieg Hitlers und leided mit schikanierten Juden, die in der gleichen Straße wohnen. *Hitler's war* wird später auch für White schicksalshaft. Während eines Aufenthalts in Amerika 1939 entsteht sein zweiter Roman *The Living and the Dead*. Bei Kriegseintritt Englands kehrt er nach Europa zurück und dient der Royal Air Force als Nachrichtenoffizier, eingesetzt vor allem in Griechenland, in der nordafrikanischen Wüste und im Nahen Osten.

Im Juli 1941 auf einer Teaparty in Cairo wird White mit dem griechischen Verbindungsoffizier Manoly Lascaris bekannt gemacht. Zwei junge Männer, Ende zwanzig, der eine Australier der andere Grieche, beide allierte Offiziere gegen den Faschismus im Krieg gegen Hitler kämpfend. Aber der *coup de foudre* zwischen den beiden lässt sich rational kaum erklären. Neben der ihnen bewussten, offiziell verheimlichten Homosexualität, besteht eine starke physische Attraktion beiderseitig: des feingliedrigen, mediterranen Manoly zum kräftigen, blonden Australier und umgekehrt. *So, they became lovers. „Patrick made me happy at once and I think I made him happy.*" Eine einfache, nicht die einzige Erklärung für ihre *life-long partnership*, die 50 Jahre dauern sollte bis zu Patrick Whites Tod.

Manoly Lascaris, dessen aristokratischer Stammbaum bis in byzantinische Zeiten zurückgeht, ist viertes Kind eines wohlhabenden orthodoxen Griechen und einer Amerikanerin, die jedoch Mann und Kinder verlässt, als Manoly zehn Jahre alt ist. Auch der Vater geht mit einer neuen Gefährtin nach Amerika und lässt die Geschwister in der Obhut von zwei unverheirateten Tanten, die ihnen entsprechend ihren unterschiedlichen Interessen – von Goethe bis Gartenbau – eine fürsorgliche Erziehung und Bildung vermitteln. Aber familiäre Wärme und Behaustheit hat Manoly genauso gefehlt wie Patrick White. Materiell abgesichert arbeitet Manoly in einer der Familie nahestehenden Bank in Alexandria, bevor er der griechischen Armee im Kampf gegen die Nazis beitritt.

Bis zum Ende des Kriegs leben White und Manoly nun in Cairo, selten zusammen, weil oft an verschiedenen Kriegsschauplätzen im Einsatz, einmal verbringen sie gemeinsame Urlaubstage in Beirut. Nach dem Krieg reisen sie nach Griechenland, besuchen Verwandte Manolys und auf den griechischen Inseln und in Gallipoli die ehemaligen Kriegsschauplätze. Whites lebenslange Neigung zu Griechenland hat hier ihren Ursprung.

Von der Armee ausgemustert übersiedeln sie 1948 nach drei tristen Nachkriegsjahren in London endgültig nach Australien. Manoly hatte wohl gespürt, dass Patrick ohne australischen Boden unter den Füßen sich noch verlorener in der Welt fühlen würde.

Patrick White selbst schreibt 30 Jahre später:

... als 13-jähriger sei er von Australien entwurzelt worden, als er nach England in die Schule geschickt wurde ... und im Krieg habe er mit Sehnsucht an die Landschaft Australiens gedacht. („*when 13 I was uprooted from Australia when I was send to school in England. During the war I had thought with longing of the Australian landscape*"*

* aus Whites Nobel-Prize Lecture, 1973

Sie kaufen eine Farm ausserhalb von Sidney in Castle Hill und beginnen ihr Leben auf dem Land, beschäftigen sich mit Tierzucht, Gemüseanbau, Milchprodukten ihrer Ziegen, züchten Schnauzer, haben Katzen. In den 18 Jahren, die sie in Castle Hill leben, entstehen Whites große Romane, in denen er ewige Themen der menschlichen Existenz: Einsamkeit, Leid, Liebe, Hass und Tod behandelt. Dafür erhält er 1973 als erster und bis heute einziger Australier den Nobelpreis für Literatur.

Patrick White, Skizze, von Brett Whiteley

In seine Romanfiguren sei durch Manolys Geschichten und die seiner Verwandten viel Griechisches eingeflossen, meint ihr Freund Philip Jones.

Manoly macht in diesen Jahren die meiste, auch körperlich schwere Arbeit. Er hat trotz seiner Abstammung und Bildung Talent und Neigung zu Garten und Landarbeit. Wenn das Geld mal knapp war, hat er sich auch bei Nachbarn als Helfer verdingt. Nicht Wohlmeinende bezeichneten ihn als *White's housekeeper* in Verkennung seiner Stellung als Patricks loyaler Mann, der erst mit Ruhe und Behaustheit das Umfeld schuf, in dem der schwierig-schrullige, von Asthma geplagte White schreiben konnte. Zwischendrin reisen sie immer wieder zu Manolys Familie nach Griechenland, *Whites other country*. White sagt in seiner *Nobel Prize Lecture*: *„Manoly Lascaris who has remained the mainstay of my life and work"*.

Nach dem Tod von Whites Mutter Ruth 1966 sind sie materiell in der Lage Castle Hill aufzugeben und kaufen eine kleine Villa am Centennial Park in bester Wohngegend Sidneys. Nun genießen sie ein Leben ohne die Mühen der Landwirtschaft, werden mehr *social*, treffen Freunde, laden ein zu Tea und Dinnerparties, nehmen teil am Kulturleben in Sydney: Konzerte, Oper, Theater, Galerien … *„because*

Sydney is what I have in my blood", schreibt White in seiner Autobiografie.

Aber Patrick White bleibt eine kontroverse, unangepasste Figur. Obwohl eigentlich eher menschenscheu und unpolitisch bezieht er seit dem Vietnamkrieg 1969 Stellung: als Aktivist gegen die staatliche Zensur, gegen die Beteiligung Australiens an diesem Krieg, gegen Atomkraft, Umweltzerstörung und schließlich gegen die englische Königin als Australiens oberste Instanz. Er ist einerseits „*wedded to the land*" wie seine Vorfahren, andererseits fühlt er sich oft als „*foreigner in my own country*".

Nach dem Nobel-Preis 1973 wird der Prophet, der in seiner Heimat Australien wenig galt, beachtet und auch von der Kritik besser behandelt.

1981 veröffentlicht er seine schmale Autobiografie *Flaws in the Glass*, gewidmet „to Manoly again". Hier spricht er zum ersten Mal als nun schon 70 Jähriger auch offen über seine Homosexualität und seine Beziehung zu Manoly. (Homosexuelle Handlungen unter Männern wurden in Australien bis in die 1990 Jahre in einigen Budesstaaten noch kriminalisiert.)

In dem Roman *The Twyborn Affair* spielt der Protagonist sexuelle Varianten durch: homosexuelle und heterosexuelle Männer, Frauen, Transvestiten entsprechend Whites Bekenntnis, dass er sich nicht so sehr als Homosexueller sieht, sondern als jemand dessen Kopf sich in Männliches und Weibliches hineindenkt, je nach der Situation der Figur, die er beim Schreiben wird.

In dem Roman beschreibt er die neurotische Beziehung vieler *upper class* Australier zu ihrem Kontinent. Unter der festen Kruste der robusten Gesellschaft blubbert eine Mischung von nicht ins eigene Leben integrierten Elementen, die vielleicht aber das eigentliche Leben ausmachen. Gegen die Natur und Üppigkeit des Landes steht so viel Verkapptes, Verdrängtes, das aber durch die puritanische britische Tradition nicht als Selbsterkenntnis hochkommt. Die scheinbar fest verwurzelten Figuren sind haltlos, irritiert von ihrem eigenem Selbst. Söhne möchten ihre Väter als Liebhaber und trösten sich dann mit der Gattin von Vaters Freund. Und auch die Gattinnen haben untereinander nur eine latente nie zum Tragen kommende Zuneigung für einander. Und wenn dann zwei Männer endlich zueinander finden, geschieht es im Suff und „der Fick tut weh." White zeigt in der *Twyborn Affair* wie schwierig, neurotisch die Selbstverwirklichung und das Streben nach Glück seiner Figuren in diesem Australien ist.

Briefmarke
Patrick White

Trotzdem erlebt Patrick White nun viele Jahre Anerkennung und Erfolg. Ein unfertiger Roman *The Hanging Garden* wird erst 2015 veröffentlicht. Er stirbt 1990 in ihrem Haus Highbury, in dem Manoly Lascaris weiter wohnt bis wenige Monate vor seinem Tod 2003.

White bezeichnete Manoly als „den kleinen Griechen mit unendlich großer moralischer Stärke, der das zentrale Mandala seines bis dahin chaotischen Lebens wurde. („*the small Greek of immense moral strength who became the central mandela of my life's hitherto messy design*") Und Manoly meinte, es müsse wenigstens einen Menschen geben, auf dessen Loyalität sich Patrick absolut verlassen konnte. Das war Manoly.

Patrick Whites Biograph David Marr nennt ihn poetisch liebevoll in seinem Nachruf: „*the gentle foil to Patrick Whites fury*".

Tragische Paare

Verlaine und Rimbaud

Arthur Rimbaud

„Doch in der Seele schwillt die Liebe ohne Ende“

Diese Zeile und andere Gedichte schickt der erst siebzehnjährige Schüler Arthur Rimbaud aus der französischen Provinz dem bereits bekannten, zehn Jahre älteren Dichter Paul Verlaine 1871 nach Paris.

Verlaine ist von der Intensität der Sprache der Gedichte beeindruckt und lädt Rimbaud zu sich nach Paris ein. Mathilde, Verlaines Frau, steht kurz vor der Geburt ihres gemeinsamen Kindes, nachdem sie erst seit einem Jahr verheiratet sind. Ihr hatte Verlaine einen Gedichtzyklus *La bonne chanson* gewidmet.

Die Begnung der beiden Männer ist ein *coup de foudre*, sie verlieben sich schlagartig und beginnen ihre Beziehung. Verlaine verlässt die Familie, seine Frau geht mit dem Kind zurück zu ihren Eltern, und Verlaine lebt nun mit Rimbaud. Sie reisen, arbeiten und schreiben

Rimbaud in einer Skizze
von Ernest Delahaye
La tronche à machin

auch gemeinsam Gedichte. Rimbauds berühmte Formel: *Je est un autre* – Ich ist ein Anderer – zeigt den Dichter, der über sich hinausgeht, Grenzen der Konventionen überwindet, sich selbst von inneren Fesseln befreit und zu etwas anderem Neuen findet.

Ihr Zusammenleben wird aber auch von Streit, Eifersucht und Gewalttätigkeit, besonders von Seiten des oft alkoholisierten Verlaine geprägt; Brüche bis hin zu Pistolenschüssen, die Verlaine auf Rimbaud abgibt. Versöhnungen und Trennungen bestimmen diese Zeit. Nach zwei Jahren beenden sie endgültig ihre Beziehung. Der zu einer Gefängnisstrafe wegen Gewalttätigkeit verurteilte Verlaine tritt zum Katholizismus über und schreibt fortan fromme Gedichte.

Erst mit Rimbaud war Verlaine auf die Realität seiner homosexuellen Prägung getroffen. Hin- und hergerissen zwischen Mutter, Frau, Familie und seinem Glauben erlebte er mit dem zehn Jahre jüngeren Rimbaud die ersehnten erotischen Extasen. In seinen Gedichten des Zyklus *Hombres* beschreibt Verlaine 1891 explizit und in Analogien seine Empfindungen, seine Sinnlichkeit, seine Lust:

Mille e Tre
Mes amants n'appartiennent pas aux classes riches
Ce sont des ouvriers fabouriens ou ruraux
Leurs quinze et leurs vingt ans sans apprèt sont mal chiches
De force assez brutale et de procédés gros.

Je les goùte en habits de travail, cotte et veste;
Ils ne sentent pas l'ambre et fleurent la santé
Pure et simple, leur marche un peu lourde, va preste
Pourtant, car jeune, est grave en élasticité;

Leurs yeux francs et matois crépitent de malice
Cordiale et des mots naivement rusés
Partent non sans un gai juron qui les épice
De leur bouche bien fraiche aux solides baisers;

Leur pine vigoureuse et leur fesses joyeuses
Réjouissent la nuit et ma queue et mon cu:
Sous la lampe et le petit jour, leurs chairs joyeuses
Ressuscitent mon désir las, jamais vaincu.

Meine Geliebten gehören nicht zu den begüterten Klassen,
Sie sind Arbeiter aus den Vorstädten oder vom Land,
Fünfzehnjährig, zwanzigjährig sind sie, ärmlich ohne Glanz
Mit einer recht brutalen Kraft und Derbheit.

Ich genieße sie in ihrer Arbeitskluft, in Hemd und Weste:
Sie duften nicht nach Amber, sie riechen nach Gesundheit,
Rein und einfach, ihr Gang, etwas schwerfällig ist behend,
Dennoch jung und gewichtig in der Elastizität.

Ihre Augen, offen und listig, knistern voll Herzlichkeit
Und naivschlaue Worte kommen nicht
Ohne einen fröhlichen Fluch, der ihnen Würze gibt,
Aus ihrem frischen Mund der festen Küsse.

Ihr kraftvolles Rückgrat und ihre frohen Hinterbacken
Freuen sich über die Nacht und mein Glied
    und meinen Hintern;
Unter der Lampe und in der Dämmerung
    belebt ihr frohes Fleisch
Mein ermüdetes Verlangen, das niemals bezwungen wird.

C'est un plus petit coeur
Avec la pointe en l'air;

Symbole doux et fier
C'est un plus tendre cœur.

Il verse ah! que de pleurs
Corrosifs plus que feu
Pronlongés mieux que adieu
Blancs comme blanches fleurs!
Vêtu de violet,
Fait beau le voir yssir,
Mais a tour le plaisir
Qu'il donne quand lui plaît!

Comme un évêque au chœur
Il est plein d'onction
Sa bénédiction
Va de l'autel au chœur.

Il ne met que du soir
Au reveil aurore
Son anneau pastoral
D'amétyste et d'or noir.

Plus le rite accompli,
Déchargé congrûment
De ramener dûment
Son capuce joli.

Es ist ein zierliches Herz
Es schaut himmelwärts,
Symbol süß und stolz,
Es ist ein zärtlicheres Herz.

Nur Tränen muss es vergießen,
Die mehr als Feuer glühn,

Wenn sie beim Abschied fließen
Weiß, weiße Blumen blühn.

Im lila Staat
Ist's schön wenn es prangt,
Beseeligt zur Tat,
Die es selbstwillig verlangt.

Wie ein Bischoff im Chorkleid
Ist es voller Salbung,
Sein Segen reicht weit
Vom Altar zur Wölbung.

Nur am Abend zur Würde
Erwachendem Rot,
Nimmt es die Bürde
Schwarzgold und Kleinod.

Sind die Riten vollbracht,
Das Loslassen getan,
Zieht es wieder ganz sacht,
Die hübsche Kapuze an.*

Die Zerrissenheit in sich kann Verlaine auf Grund seines Temperaments nicht lösen; daher die Gewaltausbrüche, körperlichen Verletzungen, das Erheben und Auslösen der Schusswaffe gegen die Mutter sowie gegen den Geliebten, den er *Ange et démon* – seinen Engel und Dämon – nennt.

Nach seiner Haftentlassung 1875 arbeitet Verlaine als Lehrer und beginnt 1878 ein Verhältnis mit seinem Schüler Lucien Létinois. Als

* Nach der Faksimile Ausgabe *Hombres*, Zürich 1920, Verlag Rosa Winkel, Berlin 1986, deutsche Übersetzung wahrscheinlich von Carl Moreck und Hans Schiebelhuth.

Verlaine daraufhin von der Schule entlassen wird, ziehen beide auf das Landgut der Eltern Létinois' und leben dort fünf Jahre bis zum frühen Typhustod des 23-jährigen zusammen. Verlaine widmet ihm einen Zyklus von 25 Gedichten mit dem Titel *Amour*.

Rimbaud hatte Paris nach der Trennung von Verlaine verlassen und schrieb fortan keine Poesie mehr. In seinem letzten Text *Une saison en enfer* schreibt er: „Ich, der sich Magier oder Engel genannt hat, losgesagt von jeder Moral, ich bin der Erde zurückgegeben, eine Pflicht zu suchen und die raue Wirklichkeit zu umarmen."

Rimbaud vernichtet einen großen Teil seiner Schriften und geht nach Marseille. Dort arbeitet er für Handelsfirmen und bereist für sie französische Kolonien in Afrika und Asien. Als Beobachter schreibt er nebenbei einige Reiseberichte für Zeitschriften. In den Tropen an Knochenkrebs erkrankt, an einem Bein amputiert, stirbt er nach seiner Rückkehr nach Frankreich mit nur 37 Jahren in einer Klinik in Marseille.

Nachdem Rimbauds Schwester, die Alleinerbin, den verbliebenen Nachlass aussortiert und nur stückweise veröffentlicht, macht Verlaine viele Gedichte Rimbauds, die er als Kopie besitzt, bekannt; eine *hommage* an den verstorbenen Freund.

Victor Hugo hatte Rimbaud *„Shakespeare enfant"* genannt, und Stefan Zweig schreibt 1921 emphatisch in seiner Einleitung zu *Arthur Rimbauds Leben und Dichtung*: „So tief und so vehement saugt er alle Sinneseindrücke ein, dass ihre geordneten Stränge zerreißen, die Qualitäten sich verlieren: Duft, Ton, Farbe, ... alles rinnt ineinander, berührt sich in jener untersten Schicht, wo kein Wissen mehr ist, sondern dumpfes Empfinden einer Betastung von aussen, gereizter Instinkt. Immer mehr werden die Zeilen blutgeädert, die Rhythmen unbändiger, die Phantasien unerhörter, und mehr und mehr beginnen sie sich schon über den Rand des Lebens hinauszuneigen, nur mehr Spiegelflächen unbekannter Welten entgegen. Die Halluzination trägt ihn jäh über die Möglichkeiten."

Oscar Wilde und Lord Douglas

Einige von Oscar Wildes berühmten Stücken waren bereits in den 1950er-Jahren Schullektüre: *Bunbury* und das mit dem seltsam zweideutigen Titel *The Importance of Being Earnest* – mehr hätten die Schüler damals wohl *Salome* oder *Das Bildnis des Dorian Gray* interessiert.

Oscar Wilde war Ende des 19. Jahrhunderts, als die Theater konkurrenzlos die wichtigste Vergnügungs- und Unterhaltungsstätte waren, noch vor George Bernhard Shaw der bekannteste Autor Englands. Allerdings konnten nur die besseren Schichten sich im Theater vergnügen. *„It's all about class"*, sagen viele bis heute in England. Wilde war in London ein erfolgreicher Autor, verheiratet, hatte zwei Kinder, ein standesgemässes Haus und verkehrte in der gehobenen Gesellschaft, in Clubs und eleganten Restaurants.

Oscar Wilde

Er ist schon 32 Jahre alt, als die Familie Robert „Robbie" Ross, einen unverklemmten jungen Studenten als Logiergast aufnimmt. Mit ihm macht Wilde endlich seine erste homosexuelle Erfahrung. Kurz danach lernt er den jungen Lord Douglas kennen, den alle nur „Bosie" nennen, einen verwöhnten Studenten aus Oxford mit literarischen Interessen. Wilde beginnt eine Affäre mit ihm, die ihn in der Folge aus Liebe oder vielleicht nur aus erotischer Faszination tragisch abstürzen lässt. Wildes Absturz beginnt mit einem Beleidigungsprozess, den er ungeachtet aller Ratschläge seiner Freunde gegen den Vater des jungen Lords anstrengt, weil dieser ihn öffentlich einen Sodomisten genannt hatte. Danach folgt der unrühmliche, öffentliche Prozess, mit der Vernehmung aller erreichbarer Jungen aus den „unteren" Schichten, die mit ihm verkehrt haben wollten, Wildes gesellschaftlicher Ruin, Fall und schließlich die Verurteilung zu zwei Jahren Zuchthaus „wegen Korrumpierung der Jugend“.

Im Prozess hatte er auf die Frage des Richters geantwortet:

„Die Liebe, die in unseren Tagen ihren Namen nicht zu nennen wagt, ist die Zuneigung eines älteren Mannes für einen jüngeren, wie sie zwischen David und Jonathan bestand, sie ist die Basis der platonischen Philosophie, und man findet sie in den Sonetten Michelangelos und Shakespeares. Sie ist eine tiefe geistige Zuneigung, ebenso rein wie vollkommen ... wegen ihr stehe ich nun hier ... Die Welt verhöhnt sie und manchmal stellt sie einen ihretwegen an den Pranger.“

Die Verbüßung seiner Strafe mit schwerer Arbeit in drei Zuchthäusern zerbricht ihn. Niemanden hatte er korrumpiert, auch Bosie nicht, niemandem außer seiner eigenen Familie hatte er Leid zugefügt, aber die scheinheilige Moral der englischen Gesellschaft besteht auf Verurteilung und Verbüßung der Strafe. Danach verlässt er krank und gebrochen England und flüchtet nach Frankreich und auf die Insel Capri. Bosie besucht ihn und zeitweise reisen sie zusammen.

De Profundis – erst 1962 vollständig veröffentlicht – hatte er im Gefängnis als Brief an Lord Douglas geschrieben. Der Text ist Selbstanklage und Rechtfertigung mit dem Schuldanerkenntnis, als Hedonist gelebt zu haben. Das Manuskript liegt jahrelang unveröffentlicht bei seinem Verleger. Bosie behauptet, keine Abschrift davon bekommen zu haben.

Schon vorher hatte Wilde den erotisch-pornografischen Roman *Teleny* – manche vermuten zusammen mit anderen Autoren – geschrieben. Auch das Manuskript von *Teleny* liegt verpackt und nicht veröffentlicht bei seinem Verleger in London. Der Roman beschreibt die tragische Liebesgeschichte eines jungen Adligen mit dem schönen Pianisten Teleny und enthält die anatomisch genauesten und gleichzeitig sprachlich ausdrucksvollsten Beschreibungen der Liebespraktik zweier Männer, aber auch das heterosexuelle Liebesspiel mit der Mutter des Pianisten. Wilde gelingt dabei die Beschreibung einer phantastischen Sinnlichkeit, er erzeugt mit seinen Worten beim Leser sexuelle Erregung, wie sie sonst nur Bilder hervorbringen können.

Teleny ist daher sicher ein besonderes Buch in Wilde's Œuvre; so explizit und zugleich schön hat wohl kein Autor Liebe und Sex beschrieben.

Oscar-Wilde-Denkmal in Dublin

Oscar Wilde erhält zu Lebzeiten keine einzige Reaktion, weder Lob noch Polemik auf *Teleny* oder auf *De Profundis*. Er stirbt vereinsamt in Paris im noch heute existierenden Hôtel d'Alsace. „Robbie" Robert Ross, der ihm all die Jahre ein treuer Freund war, kümmert sich um die Beerdigung und seinen Nachlass. Bosie, der junge Lord, verheiratet sich standesgemäss und stirbt 1945 im Alter von 74 Jahren.

Vyvyan Holland, einer der beiden Söhne Oscar Wildes, verfasst 1954 eine von Empathie getragene, liebevolle Chronik des Lebens seines Vaters und bemüht sich damit um ein gerechtes Bild von Oscar Wilde.

Francis Bacon und George Dyer

„Ich wollte immer das Lächeln malen, aber es ist mir nie gelungen." Als die Besucher vor Jahren auf der Biennale in Venedig, schon etwas müde vom Erwandern und Betrachten des Kunstangebots, in den achteckigen Zentralraum des italienischen Pavillons kamen, war ihre Müdigkeit sofort verflogen. Auf jeder der acht Wände hing eines von Francis Bacons großen Porträts oder ein Tryptichon von unglaublicher Wucht: Zentral auf der Leinwand in einer geometrischen Raumandeutung ein Stuhl oder wie der Titel ein *Bed of crime* mit einem kauernden, gedrungenen Menschen in rosa-weiß-bläulichen Farben vor braunem, rotem oder schwarzem Hintergrund, fokussiert auf die gequälte Gestalt oder den schemenhaften Kopf. Aus den Selbstporträts sprechen Schmerz und Verzweiflung. Andere Bilder mit zwei Menschen *Two Figures,* oft in einem Moment des Ringens, fast bestialisch-gewalttätig, zeigen den Aufschrei der Seelen.

Diese Konzentration auf die Tragik eines Individuums oder zweier Individuen, die selbst bei der Kopulation auf einer Liege nicht glücklich dargestellt sind, hatte sie beeindruckt, ja verschreckt. Francis Bacon sagt dazu, er sei schon immer berührt gewesen von Bildern, die mit Fleisch zu tun haben, für ihn gehören sie sehr stark zum Thema der Kreuzigung. Bacon erklärt weiter: „alle Bewohner dieses Planeten bestehen aus Fleisch ... und wenn du Sex hast, dann ist das ein Stück Fleisch, das in ein anderes Stück Fleisch eindringt." Darin zeigt sich die Gewalt; auch das Ringen der Figuren miteinander beim Sex hat die Aura des Verbotenen, deshalb auch der Titel *Bed of crime*, weil Sex unter Männern in England bis 1964 noch strafbar war.

Gegenüber seinem Kritiker und Vertauten David Sylvester bestand Bacon darauf, ein realistischer Maler zu sein und nicht schockieren zu wollen. Auch meinte er, seine Bilder könnten gar nicht schrecklicher sein als das Leben selbst. *„I painted to be loved"*, sagte er zu Sylvester. Darin verbirgt sich sicher auch seine Sehnsucht, seine Erfahrung als Junge, vielleicht auch eine Depression.

Wegen Francis' aufkeimender Homosexualität hatte Eddy Bacon, der Vater, den 1909 in Irland geborenen Sohn verachtet und ließ den Jungen des öfteren mit der Reitpeische versohlen. Als er den 16-Jährigen beim Sex mit seinen Stallburschen erwischte, wurde er gemeinsam mit seiner Kinderfrau zu Verwandten nach London geschickt. Da sich auch seine Mutter nicht sonderlich um ihn kümmerte, wird die Härte des Vaters nicht ausgeglichen. Dabei liebt es Francis, Unterwäsche und Kleider seiner Mutter anzuziehen, doch sie schenkte diesem Wunsch keine Beachtung. Durch Asthma ist Francis derart behindert, dass er nur zwei Jahre in einem Internat die Schule besucht. Später gibt ihm ein Vikar Privatunterricht. Wegen seines Asthmas wird er auch als untauglich für den Kriegsdienst eingestuft, was er selbst als Manko für einen guten Staatsbürger empfindet.

1927, als 17-Jähriger, ist Bacon bereits als Reisebegleiter eines älteren, reichen Verwandten in Berlin, wo er zwei Monate im Hotel Adlon wohnt und die Szene kennenlernt. Berlin erschien ihm, wie er zu Sylvester sagt, in emotionalem Sinn gewalttätig. Ein anderes Mal bezeichnet er Berlin als erotisches Gymnasium. Direkt danach erkundet er Paris, wo ihn die ersten ausgestellten Bildern Picassos beeindrucken.

Zurück in London annonciert er seine Dienste als *„Companion for Gentlemen"* in der *Times* und wählt die Herren zusammen mit seiner ehemaligen Kinderfrau aus, die ihn bis zu ihrem Tod 1951 über 25 Jahre umsorgt.

Bacon hatte ohne Ausbildung schon als Kind gezeichnet und arbeitet bald im Team mit anderen als *Interior Decorator* und Möbeldesigner. Er selbst achtet stets sehr auf seine äußere Erscheinung, benutzt Rouge – manchmal etwas viel, wie Patrick White bemerkt – und kleidet sich elegant. Erst langsam beginnt er zu malen: eine surrealistische Kreuzigung, ein erstes Tryptichon. Das Bild wird zu einer Surrealisten-Ausstellung eingereicht, aber mit der Begründung zurück gewiesen, zu wenig surrealistisch zu sein. Bacon malt daraufhin gegenständliche Porträts, streng schwarz-weiß, aber verwischt, verweht, aufgerissen, verletzte Köpfe.

Francis Bacon

Seine Mutter, die sich nach dem Tod des Vaters wieder in ihrer Heimat Südafrika verheiratet hatte, sieht den Sohn nun milder, da er selbst Geld verdient. Francis besucht sie ein paar Mal in Südafrika und nimmt seine Eindrücke der Natur und der wilden Tiere in Fotografien auf, die später in einige seiner Bilder einfließen. Auch Fotos und Selbstporträts des blendend aussehenden amerikanischen Tierfotografen und Naturschützers Peter Beard, mit dem er befreundet war, dienen als Motive für einige Bilder.

Bevor Francis Bacon auf den 30-jährigen George Dyer trifft (er hatte Dyer angeblich beim Einbruch in seinem Atelier ertappt), war er immer mit älteren Männern liiert. „Ich glaube, es wäre absolut phantastisch, jemandem völlig zu erliegen. Ich habe mich immer gesehnt, einem Mann zu begegnen, härter und intelligenter als ich, aber leider erwiesen sich die meisten als furchtbar schwach", sagt er zu Sylvester.

Eric Hall, ein Mitglied des Londoner City Council, ist für ihn ein Ersatzvater, der sich in den charmanten jungen Maler verliebt hatte. Halls Ehe geht dadurch in die Brüche, vor allem der Sohn leidet schwer unter der Trennung. Bacon ist erschrocken und meint später: „... wenn man jung ist, denkt man viel mehr an sein eigenes Vergnügen als an den Schaden, den man damit möglicherweise anrichtet"

Die längste Freundschaft hatte Bacon mit Peter Lacy, einem ehemaligen Kampfpiloten des II. Weltkriegs, in den sich Bacon verliebt hatte. Lacy zieht jedoch bald nach Tanger zu einem jungen Marokkaner. Bacon besucht Lacy ein paar Mal in Tanger und malt dort. Er ist angetan von dem Licht und dem Klima und natürlich von der freizügigen Atmosphäre der Stadt, in der er außer jungen Marokkanern auch die prominenten *Expatriots* Jane und Paul Bowles und einige ihrer Freunde kennenlernt.

Der gut aussehende, aus armer Familie mit angeblich kriminellem Hintergrund stammende George Dyer zieht 1964 bei dem zwanzig Jahre älteren Bacon ein und wird nun seine Muse und sein Modell.

George Dyer

Dyer war bis zu ihrem Zusammentreffen wegen Diebstahl in Besserungsanstalten und Gefängnissen gewesen.

Noch nie hatte Bacon mit einem Mann zusammengelebt. Nun entwickelt er väterliche Gefühle für George und fühlt sich für ihn verantwortlich; er ist besonders von Dyers totalem Vertrauen angerührt. Wahrscheinlich hatte Bacon nie zuvor so viel menschliche Wärme gespürt. Der auch auf sein Aussehen bedachte George lässt sich von Bacon elegant einkleiden, genießt dessen Aufmerksamkeit, das Umsorgtwerden und wohl auch als Modell vieler Bilder im Mittelpunkt von Bacons Schaffen zu stehen. Gemeinsam unternehmen sie Reisen, nach Paris, an das Mittelmeer, nach Griechenland und Kreta.

Bacons Bilder werden inzwischen auch in Paris und New York erfolgreich ausgestellt. Seine Berühmtheit und die Preise der Bilder wachsen entsprechend. Dabei vermeidet es Bacon, seine verschreckenden Bilder zu erklären, er meinte, wenn man ein Bild erklären müsse, fehle ihm die visuelle Kraft. Mit Andy Warhols oder David Hockneys Bildern müsse sich das Publikum nicht auseinandersetzen.*

Für seine Tryptichen malte er oft die linke Seite, die frontale Ansicht und die rechte Seite eines Kopfes. Er lässt diese Profile und die Frontalansicht der von ihm Porträtierten fotografieren, oft von seinem Freund John Deakin, und arbeitet mit diesen Fotos. Sie sind für ihn manipulierbares Material: Er knickt sie, fixiert Falten mit Briefklammern, reißt sie an, und verändert sie, um Vorlagen für seine verstörenden, „geknickten", verfremdeten und reduzierten Menschendarstellungen zu bekommen.

Sein Biograph Michael Peppiat, den Bacon als junger Mann 1963 kennengelernt hatte, meint die Prägung durch den gewalttätigen Vater sei Hintergrund für Bacons Besessenheit mit dem Thema der Kreuzigung und seinen Porträts von bedrohlichen, schreienden Männern.

* Peppiat, S. 105

Allein vier Bilder malte er nach Velasquez' Porträt von Papst Innozens X., in dessen schreienden Kopf einige ein Abbild von Bacons Vaters erkennen wollen. Peppiat wirft weiter die Frage auf, „inwieweit die Kreuzigungen und die gequälten Gestalten in Bacons Bildern das schmerzerregende Produkt starker sadomasochistischer Fantasien waren?"

Angeblich führt George Dyers Antriebslosigkeit neben dem besessen arbeitenden, immer berühmter werdenden Maler zu Auseinandersetzungen, ebenso wie der heftige Alkoholkonsum der beiden. Gewiss ist es bei Männerpaaren für den Partner schwer zu ertragen, wenn immer nur einer wirklich zählt, von der Außenwelt als wichtig wahrgenommen wird. Dazu kommt die Kühle und Distanz, die Dyer von Bacons Freunden in den Clubs und Galerien in London zu spüren bekommt: zu ihrer *class* gehörte Dyer eben nicht.

Bacon: *Studie zu einem Selbstporträt*

Bacons Schwermut und Lebenserfahrung war schon damals so anders als Picassos Lebensfreude, obwohl auch Bacon ein ausschweifendes Leben, gutes Essen, Champagner und intensives Nachtleben liebt. Aber wo bei Picasso über die Jahre immer wieder ein neues Glück in einer neuen erotisch-kreativen Frauenbeziehung Modell steht, sieht Bacons Welt düster aus. Nur die sieben Jahre mit George Dyer sind eine ständige Inspiration und vielleicht auch eine erfüllte sexuelle Beziehung. Angeblich hat niemand – auch Bacon nicht – Dyers Ausgeschlossenheit und Depression richtig erkannt. Er nimmt sich 1971 in

Paris vor der Eröffung von Bacons großer Einzelausstellung im Grand Palais mit Tabletten das Leben.

Bacon ist tief erschüttert, aber er malt weiter viele Porträts, vor allem von George Dyer. Die unvollendet gebliebene Leinwand in seinem Atelier ist eine Kopfstudie Dyers.

Zu seinen vielen Selbstporträts erklärte er David Sylvester, „ich habe eine Menge Selbstporträts gemacht, einfach weil die Menschen um mich wie Fliegen gestorben sind und niemand anderes übrig geblieben ist zum Abmalen, als ich selbst."

Seit einiger Zeit lebt er auch in Paris, wo er durch Peppiats Vermittlung ein Atelier im Marais-Viertel hat. Bacon, der gut französisch spricht, verkehrt dort sowohl in Kunst- und Intellektuellenkreisen, als auch in der schwulen Szene. Bacons langjähriger Freund, der Schriftsteller Michel Leiris, den er porträtierte und mit dem er über eine schlüssige Definition von „Realismus" diskutiert hatte, schreibt ein Porträt-Essay über ihn mit dem Titel *Bacon, le hors-la-lois**.

1992, bereits schwer krank, stirbt Bacon, der schon länger mit nur einer Niere lebte, an Herzversagen auf einer Reise in Madrid, wo er einen jungen spanischen Verehrer besuchen wollte, der ihn vorher in London aufgesucht hatte. Sein alter Freund und Erbe John Edwards, der auch sein Modell war (*Studies for a portrait of John Edwards*) hatte sich in den letzten Jahren um den kranken Maler gekümmert. Edwards vermachte Bacons Atelier schließlich dem Museum in Dublin, nachdem die Londoner Tate Gallery kein Interesse gezeigte hatte.

Die Dubliner Kuratoren entschließen sich, das Atelier zu kartografieren und zu fotografieren. Fußboden und Wände des Ateliers, in dem Bacon 30 Jahre gearbeitet hatte, ein „Kunstverhau", werden archäologisch vermessen: 7500 Objekte, Mal-Utensilien, Bildbände seiner Vorbilder Velasquez, Rembrandt und Van Gogh, Arbeiten auf Papier, zerstörte Leinwände und mehr als 1000 Fotos und Kontaktbögen. Nach der Dokumentation *Francis Bacon's Studio* wird alles abge-

* dt.: *Der Gesetzlose*

baut, verpackt und in der Dublin City Gallery Hugh Lane original wieder aufgebaut: das authentische Atelier des Malers im Museum.

Allein drei Exemplare des Fotobands *The Human Figure in Motion* des Fotopioniers Eadeward Muybridge fanden sich im Atelier. Besonders die Fotos der *wrestlers* – nackte, massige Männer in den Bewegungen ihres Zweikampfs haben in Bacons Bildern *Two Figures* Eingang gefunden.

Margarita Cappok dokumentiert in ihrem Buch, welche anderen Fotos, Zeitungsausschnitte und Bildbände ihn inspirierten: meist Fotos von Menschen in Bewegung, Sportfotos und auch medizinische Darstellungen entstellter Menschen, Boxer, die aufeinander losgehen, Kriegsfotos, schreiende Menschen – für Bacon alles Malmuster seiner Sicht einer gewalttätigen Welt.

England hat seinen berühmtesten Maler des 20. Jahrhunderts nicht geadelt. Bacons Bilder seien *„ugly"*, wie Margaret Thatcher sagte, brutal verstörend, überhaupt nicht verständlich wie Bejamin Brittens moderne aber wohlklingende Musik.

Von Bacons Bildern hat sich 2015 das Akrobaten- und Choreografenpaar Tim Beren und Florian Patchkowsky zu einem Tanzstück „Francis Bacon" inspirieren lassen. Sie versuchen darin eine tänzerisch-akrobatische Umsetzung seiner Bilder und lassen dabei ihre Körper mit Behutsamkeit sich annähern und mit Wut und Agression schmerzhaft aufeinander prallen.

Joe Orton und Kenneth Halliwell

They had their ashes mixed and scattered in the „Garden of Rememberances“

Als Kenneth Halliwell seinen Freund Joe Orton 1967 im Bett erschlägt und sich anschließend selbst das Leben nimmt, hatten beide 15 Jahre zusammengelebt. Auf einem Zettel neben Halliwells Körper hatte er geschrieben, in Orton's Tagebüchern, besonders in der letzten Hälfte stünde die Erklärung für seine Tat.

Orton hatte mit 16 Jahren die Schule abgebrochen, findet Gelegenheitsarbeiten, nimmt Sprechunterricht, macht Bodybuilding und versucht, seine Erscheinung und Bildung zu verbessern. Unterstützung von der Familie bekommt er dabei nicht. Die lungenkranke Mutter versorgt die drei jüngeren Geschwister, der Vater ist Angestellter bei der Stadtverwaltung von Leicester. Orton besteht glücklich die Aufnahmeprüfung der Royal Academy (RADA) und zieht nach kurzer Zeit in eine Studentenwohngemeinschaft zu Kenneth Halliwell, den der mittlerweile 18-jährige Orton an der Royal Academy kennengelernt hatte. Sie hatten bald eine enge Beziehung und Orton sagt, *„we became lovers“*.

Der sieben Jahre ältere Halliwell dominiert in den ersten Jahren durch sein Alter und seine Bildung den jungen Freund. Sie leben sparsam von Kenneth' kleinem Erbe und zeitweiliger Arbeitslosenunterstützung. Gemeinsam schreiben sie Sketche, Stücke und Romane, zuletzt: *The last days of Sodom*, aber es gelingt ihnen nicht diese Texte zu veröffentlichen. Sie machen ihrer Frustration Luft indem sie der Allgemeinheit „Streiche“ spielen. Von mindestens 70 Bänden der städtischen Leihbücherei „verunstalten“ sie die Umschläge, indem sie mit teilweise anzüglichen Zeichnungen – u. a. einem über und über tätowierten Mann – öffentliches Eigentum beschädigen und sich so über die Gesellschaft lustig machen. Nach einer Haussuchung werden sie wegen Beschädigung und Diebstahl öffentlichen Eigentums zu einer Geldstrafe und sechs Monaten Gefängnis verurteilt. Die Strafe empfindet Orton als unangemessen hart *„because we are queers"*.

Doch die Zeit im Gefängnis schärft Ortons Sinn für Gerechtigkeit und für die *double standards*, die Ungerechtigkeiten der englischen Klassengesellschaft. Die Erfahrung im Gefängnis war ihm wichtig, er schöpfte aus dieser Zeit Stoff und Figuren für seine späteren bissig-zynischen Theaterstücke. Und durch die zeitweilige Trennung von Halliwell arbeitete Orton zum ersten Mal eigenständig allein.

Joe Orton, 1964

1963 kann Orton der BBC ein Radiostück verkaufen und sendet seiner künftigen Agentin Peggy Ramsey sein Stück *Entertaining Mr. Sloane** Das Stück macht sich über Bigotterie und sexuelle Frustration lustig. Ein neuer Mieter, Mr. Sloane, wird erst von der Vermieterin und anschließend von deren Bruder sexuell bedrängt. Das Stück kommt recht schnell in London auf die Bühne und wird sowohl enthusiastisch als auch kontrovers aufgenommen. Auch der etablierte Theaterautor Terence Rattigan erkennt Ortons Talent und schreibt ihm am 14. 5. 1964:

„Sie haben das aufregenste und stimulierendste erste Stück geschrieben, das ich seit dreißig Jahren auf der Bühne gesehen habe." - Terence Rattingan erinnert sich an einen Besuch des Paares bei ihm im selben Jahr, bei dem nur Halliwell das Wort führt und den Eindruck erweckt, er habe das Stück geschrieben. Außerdem meint Rattingan:

„Halliwell war sehr eifersüchtig wegen Joes sexueller Eskapaden und verkraftete Ortons Erfolg auch auf diesem Gebiet schlecht", zitiert ihn John Lahr in seiner Orton-Biographie *Prick up your ears***.

Auch Ortons folgendes Stück *Loot**** wird ein Skandal u. a. weil der übergroße Phallus eines Denkmals von Churchill über die Bühne getragen wird. Aber es wird erfolgreich aufgeführt und Orton kann

* dt.: *Seid nett zu Mr. Sloane*

** S. 34

*** dt.: *Beute*

sogar die Filmrechte dafür verkaufen. Das Londoner Theaterpublikum bejubelt in fast masochistischer Weise Ortons Stücke, die dieser Gesellschaft in höchst amüsanter aber boshafter Weise einen Spiegel vorhalten.

Orton und Halliwell können es sich nun leisten, ins wärmere Nordafrika, in den Maghreb zu reisen. Während der dreimonatigen Aufenthalte von Mai bis Juli in den Jahren 1965 bis 1967 mieten sie sich eine Wohnung in Tanger. Hier sehen und erleben sie die Faszination der jungen Marokkaner, wie sie vor ihnen schon André Gide, William S. Burroughs, Tennessee Williams, Truman Capote, Paul Bowles und Allan Ginsberg empfunden hatten: Jünglinge mit dunklem Haar, oliv-farbener Haut, schmalen Gesichtern, die schlanken Figuren nur von weißen oder staubbraunen Djelabas verhüllt, deren Ausschnitt den Torso darunter ahnen lässt. Die Jungen promenierten vor den von Ausländern frequentierten Cafés: eine Atmosphäre leichter Flirts, in angenehmem Klima, mit Kif und dem Duft von Essenzen und Jasminsträusschen hinter dem Ohr, laue Abende, Spaziergänge Hand in Hand. Die Kultur einer Männergesellschaft ohne Mädchen.

Mit den Ausländern bandeln die Jungen gerne an, lasssen sich einladen und bieten Kif und ihre dominierende Männlichkeit für Geld oder ein Geschenk an, ein Hemd aus London, einen neuen Slip statt der löchrigen Unterhose, für die sie sich schämen. Allenfalls im Berlin der 1920er-Jahre waren die Jungen so entgegenkommend, locker und freizügig, jedoch auch hier wie damals in Berlin vor dem Hintergrund mangelnder Chancen, Langeweile und ganz einfach materieller Not. Hier verlieren sie bei diesen Affären mit den Fremden nicht ihr Gesicht, die Jungen sind meist der aktive Partner des Liebesakts, eine passive Rolle hätte ihr tradiertes Bild von Männlichkeit in Frage gestellt.

Für Europäer und Amerikaner, die junge Männer mögen, bedeutet der Umgang mit den maghrebinischen Jungen die Erfüllung vieler Sehnsüchte. Lust auf Sex findet sich nicht so bei den käuflichen Jungen in London oder Berlin, wie hier in Tanger, weil diese jungen Marokkaner vor der Ehe keine Mädchen haben können. Sie hatten pfiffig erkannt, dass Männer wie Orton und Halliwell gern davon profitierten.

Joe Ortens wachsende Bekanntheit, der Ruhm durch die Erfolge seiner Stücke – gesteigert durch die Bühnenskandale – führen dazu dass Halliwell sich überflüssig bzw. an den Rand gedrängt fühlt. Nichts von dem, was Halliwell geschrieben hatte, wurde zu Lebzeiten veröffentlicht oder aufgeführt. Er wird immer depressiver und von Medikamenten abhängig. Nach Selbstmordabsichten, die er Freunden und seinem Arzt gegenüber äußert, begibt er sich in psychatrische Behandlung.

Am schwersten zu ertragen ist für ihn jedoch die unverblümte und ausufernde Promiskuität Joe Ortons, nicht nur in Tanger sondern auch in London, der schnelle, anonyme Sex in den *tea rooms*, wie John Lehmann die Situation in seinem Buch *In the purely Pagan Sense* beschrieb: „... keuchende Körper füllten die öffentlichen Pissoirs ... in der Dunkelheit griffen unbekannte Hände nach bloßen Schwänzen, und harte Erektionen stießen aufeinander. Tief in Innern wurden Hosen mal zärtlich, mal gewaltsam geöffnet und ungeduldige Erektionen drangen in unbekannte Körper oder unsichtbar wartende Münder."

Daran hatte Kenneth keinen Anteil und wollte wohl daran auch nicht teilhaben, auch seine Idee von enger, monogamer Partnerschaft teilt der nun erwachsene gewordene Orton nicht. „Kenneth wusste, dass Joe in keiner Weise seine romantische Zuneigung erwiderte. Außer Schutzgefühl und Loyalität empfand Joe nichts für ihn" *.

„Halliwell mag zwar der Mittelpunkt von Ortons Zuneigung gewesen sein, nicht jedoch der seines sexuellen Verlangens."**

Aus Ortons Tagebüchern geht hervor, wie unattraktiv sich der erfolglose, ältere Halliwell im Vergleich zu Orton empfand, wie viel Unstimmigkeiten und daraus resultierenden Streit beide hatten, meist über die Jungs, mit denen Orton sich umgibt.

* Peter Willes

** John Lahr: *Prick up your ears*

Dazu kommen Verlustangst und Eifersucht auf einen neuen Freund Ortons. Als Halliwell das nicht mehr ertragen kann erschlägt er den 34-jährigen Partner und schluckt danach einen tödlichen Cocktail aus Tabletten.

Der Biograph John Lahr, der auch Ortons Tagebücher und die gesammelten Theaterstücke herausgegeben hat, resümiert in seinem Buch *Prick up your ears*, was dem Paar fehlte. Anfangs hatte Halliwell dem Teenager Orton geholfen, sein Talent zu entwickeln. Sie hatten sich gegenseitig gestützt und sich in ihrer Verachtung der Gesellschaft bis zum Büchervandalismus hochgeschaukelt. Aber diese Solidarität war nach Verbüßung der Gefängnisstrafe und dem raschen Erfolg Ortons nicht mehr ausreichend, ihr mangelndes Verständnis für die Sexualität des anderen, die fehlende Empathie und die unterschiedliche Entwicklung der beiden lassen Halliwell schließlich ausrasten.

Die verunstalteten, oder besser gesagt von ihnen umgestalteten Buchumschläge sind heute mit anderen Gegenständen im Heimatmuseum von Leicester ausgestellt. Ortons jüngere Schwester Leonie Barnett Orton hat eine Website für den Austausch weiterer Daten zu Werk und Leben ihres Bruders eingerichtet.

1987 hat Stephen Frears *Prick up your Ears* mit Gary Oldman als Orton und Alfred Molina als Halliwell verfilmt. Zu Ortons Lebzeiten waren „Entertaining Mr. Sloane“ und „Loot“ bereits verfilmt worden. Erst 1999 und 2001 wurden das gemeinsam mit Halliwell geschriebene Stück *Lord Cucumber and the Boy Hairdresser*, sowie Ortons 1959 entstandene Stücke *Fred and Madge* sowie *The visitors* in England veröffentlicht.

Ein Schwabinger Schauspielerpaar

Ernst Kuhr und Peter Martin Urtel waren ein homosexuelles Männerpaar, das im Dritten Reich zwar zusammenlebte, aber nicht gemeinsam auftrat.

Ernst Kuhr lebte seit Jahrzehnten zusammen mit Peter Martin Urtel. Sie bewohnten eine nach dem Krieg eigenhändig ausgebaute Dachwohnung in einem von Bomben beschädigten Schwabinger Altbau. Mit der alten Hausbesitzerin hatten sie eine geringe Miete vereinbaren können, weil sie die Kosten des Ausbaus selbst trugen. Man sah der Wohnung an, dass sie mit viel Fantasie und wenig Geld unter die Dachschrägen und um die Stützbalken herum gebaut war. Überall Regale, Möbel, Kommoden und vor allem Bücher. Obwohl es nicht durchregnete, hatte es etwas von Spitzwegs Bild des armen Poeten, der mit einem Regenschirm in seinem Bett liegt. Ernst kochte lecker, und ein bisschen sah man ihm diese Leidenschaft auch an.

Ernst und Martin erzählten, sie hätten sich in den 1930er-Jahren im Alter von knapp zwanzig Jahren kennengelernt und seitdem zusammengelebt. Auf einer Tour mit dem Paddelboot den Main hinunter machten sie eine für beide weitreichende Entdeckung, als sie in den von einer Stadtmauer mit Türmen umgebenen Ort Sommerhausen kamen.

Hingerissen von dem malerischen Städtchen an den mit Wein bestandenen Hängen des Mains mit seinen engen Gassen und Fachwerkhäusern sahen sie sich um und konnten ein Jahr später einen der drei runden Stadttürme, den Blauen Turm, 99 Jahre lang für eine minimale Summe von der Gemeinde Sommerhausen pachten. Dabei wurde ihnen jedoch zur Auflage gemacht, den baufälligen Turm, dessen Schieferdach eingestürzt war, zu restaurieren sowie die Bausubstanz zu erhalten und zu pflegen. Zum Turm gehörte ein schmales Grundstück entlang der Südseite der Stadtmauer. Hier pflanzten sie nach einiger Zeit Obstbäume, bauten Gemüse an, und Ernst kochte

Marmelade aus schwarzen und roten Johannisbeeren. Der Garten war besonders in den letzten Kriegs- und ersten Nachkriegsjahren unschätzbar.

Ihren Blauen Turm wiederherzustellen und auszubauen muss eine Sisyphosarbeit gewesen sein. Wann immer ihre Engagements ihnen Zeit ließen, waren sie in Sommerhausen. Die erste Arbeit war das Errichten des Dachs mit der neuen Schieferdeckung. Nach Beseitigung des Schutts aus dem Inneren des Turms ließen sie vier Zwischendecken einziehen, so dass auf jeder Ebene ein runder Raum entstand, nur mäßig von den schmalen „Schießscharten"-Fenstern mit Licht versehen, aus denen man jedoch die Weinberge an den Mainhängen sehen konnte. Die Außenwände wurden nach oben absatzweise dünner und damit die Räume innen grösser. Aber was heißt grösser: Unten gab es in der meterdicken Wand nur die Eingangstür zu einer Diele, in der eine geschwungene, aus Naturstein gemauerten Treppe nach oben ging.

Spürbar die Liebe zum Detail mit der sie sich diesen Turm zu ihrem Zuhause gemacht hatten. Immer zwischen ihren Engagements verbringen sie ihre Tage hier. Martin vielleicht länger als Ernst, der öfter in Projekte eingebunden ist. Er ist wohl auch praktischer veranlagt, arbeitete in den 1960er Jahren an verschiedenen Bühnen, während Martin liest und übersetzt und durch diese Arbeit mehr Zeit in ihrem gemeinsamen Zuhause verbringen kann. Aber auch Martin hatte über all die Jahre sein „Fach" als Schauspieler. Er erwähnt stolz aber leise, wie er schon 1932 als 19-jähriger Schauspielschüler in Berlin vom gerade berühmt werdenden Gustaf Gründgens seine ersten Rollen bekommen hatte.

Von 1937 bis 1945 spielte er an den Münchner Kammerspielen. Ab 1941 sah man ihn in nur sechs Filmen, wohl weil er sich nicht allzu sehr der herrschenden Ideologie untergeordnet hatte. „Er stellte ehrliche, gradlinige junge Männer dar, ohne sich sonderlich in Szene zu setzen. Nach dem Krieg altert der attraktive Mann zu einem würdigen Herrn, der im Film (Zitat) „Honorationen wie Ärzte, Rechtsanwälte oder Priester" darstellte. Man konnte sich ihn eigentlich nur gut angezogen vorstellen, selbst zu Hause schien er selten eine Strickjacke zu tragen. Ernst Kuhr war anderer Typ: lockerer, verschmitzter; er hat eher etwas Draufgängerisches und überzeugt in verschiedenen Rollen und Kostümen. Beide hatten anscheinend nie zusammen gespielt oder gemeinsam auf der Bühne gestanden. Wahrscheinlich wollten sie auch keinen Anlass für Verdacht oder gar Denunziation geben, denn homosexuelle Handlungen wurden nach § 175 strafrechtlich verfolgt. Gustaf Gründgens hatte sich damals seinem Gönner Hermann Göring offenbart. Dieser verzieh seinem Star die Abweichung und beschützte ihn als seinen Intendanten des Schauspielhauses in Berlin. Er brauchte ihn als Konkurrenz zu Goebbels, der in allen Kulturfragen das letzte Wort haben wollte. Ernst und Martin müssen ihr Zusammensein in den Jahren der Nazizeit „im Stillen" gelebt haben, jedenfalls haben sie sich nicht exponiert. Der Blaue Turm war ihr idyllisches Refugium.

Gleich nach dem Krieg beginnt Ernst Kuhr als Regisseur in Tübingen und später in Basel, daneben spielt er kleine Rollen in Filmen namhafter Regisseure, wie zum Beispiel einen SA-Mann in Luchino Viscontis *Die Verdammten*. Schon seit Beginn seiner Laufbahn bis zu deren Ende 1975 arbeitet er auch als Synchronsprecher in über 50 Filmen. Unter Volker Schlöndorff spielte Martin noch neben Bruno Ganz und Hanna Schygulla in dem Film *Die Fälschung.*

In den 1960er Jahren, als sie etwas Geld übrig hatten, bauten sie eine Veranda und einen Gästeraum mit Badezimmer neben dem Turm an die Stadtmauer gelehnt. Ein Stück weiter entlang der Mauer spielt in einem Raum das „Torturmtheater", über dem Stadttor nach Würzburg, das Luigi Malipiero gegründet hatte und es jahrelang mit seiner Schauspielerfamilie bespielte. Der Tausendsassa Malipiero inszenierte, spielte und hatte das Bühnenbild entworfen.

Ende der 1960er-Jahre versuchte Malipiero sein Glück dann in Berlin und spielte Theater in einem etwas grösseren Raum in einer Reithalle am Hundekehlesee. Aber das verwöhnte Berliner Publikum verstand das Ein-Mann-Konzept nicht. Man fand vieles dilettantisch und die Kritiker Friedrich Luft und Karena Niehoff spotteten über Malipieros Theater.

Ernst und Martin gefällt der neue Zeitgeist, der frische Wind der 68er-Jahre. Auch wenn sie kaum noch „im Geschäft" sind, bleiben sie politisch interessiert. Das Ende der konservativen Nachkriegszeit, der sozialdemokratische Präsident Heinemann, später der Kanzler Willy Brandt, endlich der Wegfall des § 175 lässt sie aufatmen. Auch der Versuch den Sozialstaat gerechter auszugestalten, z. B. mit der Künstlersozialkasse für die Altersversorgung von Schauspielern, wie sie, nimmt sie für diese Politik ein.

Ernst Kuhr hat seinen Martin, der 1989 in Sommerhausen starb, noch zehn Jahre überlebt.

Nach seinem Tod wurde auch er in Sommerhausen beerdigt.

Zwei Schauspieler auf der Bühne – Risto Kübar und Benny Claessens

Die Inszenierung von Tennessee Williams „Orpheus steigt herab" durch den Regisseur Christian Nübling 2013 an den Münchner Kammerspielen ist schon zu Beginn optisch eindrucksvoll. Im Mittelpunkt der Bühne steht der Rumpf eines Kettenkarussells, dem im Verlauf des Stücks von der Besitzerin „Lady" und ihrem Helfer, einem schlanken, zarten jungen Mann, die noch fehlenden Sitze an den Ketten montiert werden. Der junge Mann „mit der Lederjacke aus Schlangenhaut" stammt von auswärts und ist hier auf Arbeitssuche. Der junge Schauspieler Risto Kübar aus Estland verkörpert die Figur sehr glaubhaft, sein fremder Akzent hat etwas geheimnisvolles. Im Verlauf des Stücks haucht er seine Gefühle für „Lady" mit englischen Songs ins Mikrofon. Couragiert verteidigt er sie gegen die Bösartigkeit der spießigen Kleinstadtgesellschaft.

Diese Leute hatten vor Jahren schon aus wie auch immer motivierter Feindseeligkeit das Café von Ladys Vater angezündet, ihm nicht geholfen und in den Flammen umkommen lassen. Nun wird der junge Mann als Ladys Liebhaber angepöbelt, ausgegrenzt und scheitert schließlich als Eindringling in die verschworene, geschlossene Ortsgemeinschaft.

Für seine Rolle wurde Risto Kübar als bester Nachwuchsschauspieler ausgezeichnet. Er war bei einem Gastspiel des Theaters aus Tallin von Christian Nübling für diese Rolle an die Münchner Kammerspiele engagiert worden.

Ein paar Wochen später sahen sie eine Aufführung von „Onkel Wanja", Tschechows Abgesang auf die bürgerliche Gesellschaft Anfang des 20. Jahrhunderts, die zu spüren und wissen beginnt, dass ihre Zeit vorbei ist. Der Belgier Benny Claessens, ein kleiner, weich-zarter Dicker spielt Onkel Wanja mit weinerlichem Bedauern in der Stimme, als Relikt aus der vergehenden einst großartigen Vergangenheit.

Monate später illustriert ein großes Foto zweier nackter Männer – Risto Kübar und Benny Claessens – die Rezension ihrer Produktion *The spectacular light show of which U don't see the effect* auf der Werkstattbühne der Kammerspiele. Das Paar hätte sich eine Performance auf den nackten Leib geschrieben von bis dahin noch nie gesehener Ehrlichkeit, lautete der Tenor der Besprechung in der SZ. Die beiden Schauspieler kommen zusammen auf die Bühne, ein spartanisch möbliertes kalt ausgeleuchtetes Zimmer mit zwei Stühlen, einem zerwühlten Bett, einer Küchenzeile und einer Tür zum Bad. Benny Claessens sagt zum Publikum: „Danke, dass Ihr gekommen seid."

Risto Kübar und Benny Claessens

Dann ziehen sich beide aus, ganz, und beginnen sich nackt langsam, einander gegenüber stehend mit den Händen tastend zu berühren. Diese wortlosen Berührungen werden im Verlauf der nächsten beiden pausenlosen Stunden zu manchmal zärtlichem, mal forderndem, mal aggressivem bis hin zu einem kämpferischen Ringen der beiden. Sie umarmen sich und weisen sich zurück, als wollten, aber könnten sie sich einander nicht hingeben. Im Programm kommentieren sie ihre Gefühle, die sie auf der Bühne ohne Worte darstellen.

Der Zuschauer beginnt sich nach einiger Zeit bald ungemütlich, bald verständnisvoll, bald mehr und mehr unverständig zu fühlen, dass beider Ringen schon so lange andauert. Aber ihre Nähe, die Radikalität ihres Sich-Bloßstellens geht unter die Haut.

Bei aller Zuschauerqual dieser Performance bleibt der starke Eindruck, wie sich ein junges, auch körperlich so ungleiches Männerpaar versucht, vollkommen nackt über zwei Stunden wortlos seine Situation, seine widerstrebenden Gefühle, das Kräftemessen, bei dem keiner sich dem anderen unterwerfen will, auf der Bühne auszutragen. Der gemütlich-dicke Belgier Claessens und drahtig-zarte Este Rübar stehen vielleicht erst am Anfang einer Beziehung, aber ihre Performance zeigt wortlos schon vielfältig kontroverse Aspekte auf, die Paare durchleben, vielleicht auch sie. Sie haben sich in ihrer Performance anschließend auch in Dresden und Berlin gezeigt.

In der neuen Spielzeit 2014 sind sie in dem Stück *Das schweigende Mädchen* von Elfriede Jelinek zusammen auf der Bühne. Die Kritikerin Christine Drössel schreibt, ihr Spiel wäre „zart, menschlich, voller Ruhe“ und „wenn der zarte Este Risto Kübar in Jesusgestalt als „Fremdling“ am Ende stockend das Wort erhebt, ist das sehr berührend.“

Beide sind 2015 ihrem Intendanten Johan Simons in seine Heimat gefolgt und spielen nun zusammen am Theater TN Gent. Für die Ruhrfestspiele hat Benny Claessens ein Musiktheaterstück *Die Fremden* u. a. mit Risto Kübar inszeniert, das im September in Gent und an der Ruhr aufgeführt wurde.

Ausklang

Hadrian, Marguerite Yourcenar und Grace Frick

Mit *Memoirs d'Hadrien* gelang Marguerite Yourcenar 1951 ihr Durchbruch als Schriftstellerin. Der Text wurde von ihrer Lebensgefährtin Grace Frick ins Englische übersetzt. Weit mehr als in einem distanzierten historischen Roman lässt sie Hadrian selbst zu Wort kommen. In vermeintlicher Bescheidenheit schreibt sie: „Ich hatte mich entschlossen, Hadrian selbst den Bericht seines Lebens in den Mund zu legen und so seine Handlungen und was sie erklärt (...) zum Ausdruck zu bringen. Konnte doch Hadrian selbstverständlicher und subtiler von seinem Leben sprechen, als ich es vermag."

Marguerite Yourcenar versteht es, ihre eigenen aufgeklärten Ideen, ihre Überzeugung einer toleranten, nicht an monotheistischen Dogmen orientierten Weltsicht dem römischen Kaiser überzeugend in den Mund zu legen, so gut, dass man meint, Hadrian könnte wirklich so gedacht haben.

Büsten von Hadrian (li.) und Antinuos

Auch von seiner Liebe zu dem jungen Bythier Antinuos und der Trauer um seinen freiwilligen Opfertod spricht Hadrian in seinem Vermächtnis an den von ihm bestimmten Nachfolger als Kaiser. Ihrem Buch stellt sie ein Zitat von „P. Aelius Hadrianus, Imp." voran:

Animula, vagula, blandula
Hospes comesque corporis
Quae nunc abibis in loca
Pallidula, rigida, nudula
Nec, ut soles, dabis iocos

Seele, du schweifende, zärtliche
Leibes Gefährtin und Gast
Nun führt ins düstere Reich
Fröstelnder Schatten dein Weg
Nie scherzest Du fürder wie eins

Das Buch hatte, wie die Autorin selbst, eine wahrhaftige *allure* und führte auch dazu, dass Marguerite Yourcenar als erste und bis heute einzige Frau 1980 in die *Académie Française* gewählt wurde. Sie reiste von der kleinen Insel Mount Desert vor der Küste vor Maine nach Paris, empfing die Ehrung und hielt ihre Dankesrede in einem langen Abendkleid von Yves Saint Laurent.

Bereits ihr erstes, 1929 erschienenes Buch *Alexis* hatte die Selbstprüfung des Helden und das Eingeständnis seiner wahren Neigung, seiner homosexuellen Gefühle, thematisiert. Marguerite Yourcenars Interesse gilt stets aufgeklärten, weisen Menschen wie Hadrian und dem von ihr erfundenen Zenon, die – wie sie selbst – Respekt vor den Elementen, der Natur, den Mythen und Religionen hatten, ohne monotheistisch zu sein.

Von den Vorfahren ihrer Mutter, die sie nicht kannte, weil diese bei ihrer Geburt gestorben war, und von der sie erst später ein Foto fand, hat sie in *Souvenirs pieux* (Gedenkbilder) berichtet. Das Leben der jungen Frau imaginiert sie an der Seite des von ihr immer mit etwas verklärtem Blick gesehenen, bewunderten Vaters.

In einem weiteren Erinnerungsbuch, *Archives du Nord* (Lebensquellen), schreibt sie über die Familie ihres Vaters, ihr Leben mit ihm und die Reisen, die sie mit dem Witwer im Mittelmeerraum unternimmt. Mit dem Vater, dem wohlhabenden Adligen, Lebemann und *homme des femmes*, dem die Tochter eine liebevolle Begleiterin ist, entsteht eine intellektuelle Symbiose.

Nach ihrer Flucht vor dem Faschismus in Europa 1939 hatten Marguerite Yourcenar und Grace Frick zuerst einige Jahre als Dozentinnen an Colleges in New York unterrichtet. Danach, 1946, auf der Insel Mount Desert vor der Atlantikküste von Maine, hatten sich die beiden Freundinnen in einem abgelegnen Haus, ihrem „Petite Plaisance" nahe am Meer niedergelassen.

Marguerite Yourcenar

Dort, in „Petite Plaisance" schreibt Marguerite Yourcenar die dreibändige Geschichte ihrer Familie, biographische Aufsätze und Essays, u.a. über Achill und Patroclus, Piranesi, Rembrandt, Mishima, Kavafis und Oscar Wilde. In ihrem Aufsatz *Wilde, rue des beaux arts* hatte sie kühn geschrieben, durch Zitate aus *De profundis* und den Sonetten Shakespeares belegt, wie ähnlich die Empfindungen, Liebesleid und Verzicht von Wilde gegenüber Bosie und Shakespeares gegenüber dem jungen Lord Southhampton waren. Während Marguerite Yourcenar ihre Manuskripte in ihrer Muttersprache Französisch verfasste, ist Grace Frick die kongeniale Übersetzerin ins Englische.

In ihren 1980 erschienenen Gesprächen mit Matthieu Galey, aufgezeichnet unter dem Titel *Aux Yeux Ouverts*, erwähnt sie erstaunlicherweise Grace Frick jedoch mit keinem Wort. Obwohl amerikanische Freunde ihre *ménage* als *a good marriage* bezeichnen, wird man erst 50 Jahre nach Yourcenars Tod aus ihren Tagebüchern vielleicht mehr erfahren.

Immerhin hatte sie in den Notizen zu den *Mémoirs d'Adrien* geschrieben: „… dass es im Leben einer glücklichen Schriftstellerin jemanden geben muss, der keinen ungenauen oder schwachen Satz durchgehen lässt, jemand, der mit uns zwanzig Mal eine ungenaue Seite wieder und wieder ließt. Jemand, der uns unterstützt, uns zustimmt und manchmal uns bekämpft, jemand der mit Verve auf unserer Seite ist. Die Freuden der Kunst und des Lebens, die niemals leichten und lästigen Arbeiten des täglichen Lebens, jemand der nicht unser Schatten, unser Widerschein ist, jemand, der nicht unsere Ergänzung, sondern er selbst ist. Jemand, der uns göttlich frei sein lässt und uns trotzdem verpflichtet, ganz das zu sein, was wir sind:

Hospes comesque. (Gast und Begleiter)

Grace Frick starb Ende 1979 in „Petite Plaisance". Die Kluft, die sich zwischen der erfolgreichen Schriftstellerin und der übersetzenden, den Haushalt führenden Partnerin, der sich um alles kümmernden Freundin, aufgetan hatte, war mit der Zeit größer geworden.

Nach dem Tod von Grace unternimmt Marguerite Yourcenar Reisen nach Europa und Asien mit einem jungen Begleiter, dem Journalisten Jerry Wilson, der jedoch 1986 den Folgen seiner HIV-Infektion erliegt. Sie selbst stirbt drei Jahre später 1989, wie Grace in „Petite Plaisance", und wird auf dem kleinen Friedhof des Orts neben ihrer Freundin begraben.

Villa Adriana

In ihrem Essay *Phédon ou le vertige* hatte sie geschrieben:

„Letztendlich ist doch der Körper das schönste Gewand in das die Seele sich hüllen kann. Was wäre Sokrates ohne das Lächeln des Alkibiades und das Haar von Phédon. Schöne, junge Körper, die er liebte, lehrten diesen alten Mann, dessen einzige Welt im Umfeld Athens lag, etwas nicht nur über das Absolute, sondern auch über das Universum."

Register

Im Text zitierte und weiterführende Literatur:

Homer: *Illias und Odyssee*

Platon: *Symposion*

Vergil: *Aeneis*

Robert Aldrich: *Gleich und anders*, London 2006

Gay Life Stories, London 2012

The seduction of the Mediterranean, London 1993

John Boswell: *Same Sex Unions in Premodern Europe*, New York 1994

The Kindness of Strangers, New York 1983

Madeline Miller: *The song of Achilles*, London 2011

Marguerite Yourcenar: *Mémoirs d'Hadrien*, Paris 1951, dt. 1961

Alexis, Paris 1929, München 1993

Les yeux ouverts, Paris 1980

Zeit, die große Bildnerin, (Essays), München 1999

Shakespeare: *Sonette*, 1609, Frankfurt am Main 1960

Michel de Montaigne: *Essais*, 1572/1588, Leipzig 1953

Corrado Augias : *Il disagio della libertá*, Rom 2014

Erwin Panofsky: *Das Leben und die Kunst Albrecht Dürers*, Princeton 1943

Michelangelo: *Sonette*, übersetzt von Edwin Redlob

Michelangelo, Phaidon Ausgabe, London 1953

Michelangelo, Zeichnungen und Dichtungen, Hg. Harald Keller, Frankfurt 1975

Thomas Mann: *Die Erotik Michelangelos*, Essay abgedruckt in ebd.

Walt Whitman: *Leaves of Grass* (dt. *Grashalme*), New York, 1965

Benjamin Britten und Peter Pears: *Biografien* zitiert in „La Repubblica" 9. 8. 2014

Raymond Radiguet: *Le diable au corps*, Paris 1923

Le bal du comte d'Orgel, Paris 1924

Jean Cocteau: *Le Livre Blanc*, Paris 1928. dt. *Weißbuch*, Berlin 1982

Jean Marais: *Bericht meines Lebens*, Paris 1975

Der Zeichner Jean Cocteau, VV borderline, Berlin-Amsterdam 1988
Herbert List: Das Gesamtwerk, Katalog, München 2007
Winston Leyland: *Gay Sunshine Interviews*, San Francisco 1976
Oscar Wilde: *Complete Works, introduced by Vyvyan Holland*, London 1948
Teleny, London 1986
Vyvyan Holland: *Oscar Wilde*, London 1960
Simon Callow: *Oscar Wilde and his circle*,London 2000
David Marr: *Patrick White*, Australien 1991
Patrick White: *Flaws in the Glass*, 1981
Christopher Isherwood: *Christopher and His Kind*, London 1976
A Single Man, New York 1964
Paul Lehmann: *In a purely pagan sense*, London
Christopher Isherwood, A personal Memoir, New York
Paul Verlaine: *Hombres*, 1920, dt. Berlin 1986
Gilbert + George, Katalog, London 2007
Pierre + Gilles, Katalog Köln 1997
Heinz-Norbert Jocks: *Der homoerotische Blick*, „Kunstforum 2001"
Arthur Rimbaud: Leben und Dichtung, Einleitung Stefan Zweig, Leipzig 1921
Wolfgang Popp: *Männerliebe, Homosexualität und Literatur*, Stuttgart 1992
Hans Mayer: *Außenseiter*, Frankfurt a.M. 1975
Margarita Cappock: *Francis Bacon, Spuren im Atelier des Künstlers*, München 2005
Michael Peppiat: *Francis Bacon*, London 1996, Köln 2000
David Sylvester: *Gespräche mit Francis Bacon*, München 1986
Joe Orton: *Tagebücher* (Hg. von John Lahr), Aachen 1995
John Lahr: *Prick up your Ears, The Biography of Joe Orton*, London 1978
Bernd-Ulrich Hergemöller: *Mann für Mann*, Hamburg 1998
750 Warme Berliner, Katalog, Berlin 1967
Martin Sherman: *Bent*, New York 1979
Annie Proulx: *Close Range, Wyoming Stories*. London 1999

Im Text erwähnte Personen

E

F

G

H

I

J

K

L

M

N

O

P

R

S

T

U

V

W

Y–Z

Verzeichnis der Abbildungen

S. 80: Besucherin vor Ausstellungsplakat *Nackte Männer*
S. 84: Patrick White, Skizze von Brett Whiteley
S. 86: Briefmarke Patrick White
S. 87: Arthur Rimbaud
S. 88: Rimbaud, Skizze von Ernest Delahaye
S. 93: Oscar Wilde
S. 95: Oscar-Wilde-Denkmal
S. 96: Francis Bacon
S. 97: George Dyer
S. 100: Bacon: *Studie zu einem Selbstportrait*
S. 104: Joe Orton
S. 113: Risto Kübar und Benny Claessens
S. 115: Büsten von Hadrian und Antinous
S. 117: Marguerite Yourcenar
S. 118: Villa Adriana

Cover: Unter Verwendung eines Bildes von Thomas Weczerek (Ausschnitt)

Der Autor dankt wikicommons, den Fotografen und allen Inhabern der Abbildungsrechte für ihre freundliche Erlaubnis: u. a. S. 32 *David* Foto Jörg Bittner Unna; S. 66 Breker Foto: Viborg; S. 11, 13 Foto Marie-Lan Nguyen; S. 49, Britten, Peter Grimes, Tessa Hendersson; S. 56 Carl van Vechten; S.60 Bachardy, Henning von Berg; S. 63 Livre Blanc, National Library of the Netherlands; S.67 *Querelle*, Ausstellung „Nackte Männer" Leopold Museum, Wien; S. 58 Zeitgeist Films, Foto: Arthur Mitchell, Design: Guido Cardi; S. 15 Foto: Jack Shear, Foto: The Guardian, Jane Bown; S. 95 Oscar-Wilde-Denkmal, Sandro Schachner; S. 96, 97 Beacon und Dyer John Deaken; S. 84 National Gallery of NSW; S. 19, S. 75 ff. Copyrights Pierre et Gilles: *Le totem*, 1984 *David et Jonathan*, Jean-Yves et Moussa, 2005, *Vive la France*, Serge, Moussa, Robert 2006; S. 21, 117 La Repubblica; S. 113 Risto und Benny Foto: Conny Mirbach; S. 115 Hadrian Büste, Palazzo Massimo, Rom; S. 118 Villa Adriana, Canapos

Der Autor hat sich bemüht, die Rechteinhaber ausfindig zu machen. Da das nicht in allen Fällen möglich war, werden eventuelle Rechteinhaber gebeten den Autor zu kontaktieren: gottall112@aol.com

Links

www.gilbertandgeorge.co.uk
www.joeorton.org
www.maisoncocteau.fr

Dieter Allers

Mann sehnt sich nach Mann

Schwarze und weiße amerikanische queer Autoren

120 Seiten gebunden
ISBN-Print: 978-3-86361-882-7
Auch als E-book

Nach „Männer-Freunde-Liebespaare" versammelt der Autor hier 15 Porträts bekannter und unbekannter, schwarzer und weißer amerikanischer Queer Autoren. Der Leser erfährt interessantes, manchmal intimes, über: Walt Whitman, Edward Albee, Langston Hughes, James Baldwin, Truman Capote, Tennessee Williams, Gordon Merrick und andere.

Dabei macht er sich die These der amerikanischen Muse vieler Autoren in Paris, Gertrude Stein zu eigen, wonach es eine „gay sensibility" gibt, die queere Autoren allgemein empathischer macht für Menschen, die im Tiefsten unglücklich sind. Carson McCullers sprach von „loneliness and unrequited love", von Einsamkeit und unerwiderter Liebe.

Die Menschen in den Gedichten, Theaterstücken und Romanen sind zwar manchmal schrullig, aber ihr oft tragisches Schicksal wird von den hier porträtierten Autoren mit besonderem Verständnis geschildert.

www.himmelstuermer.de

Himmelstürmer Verlag

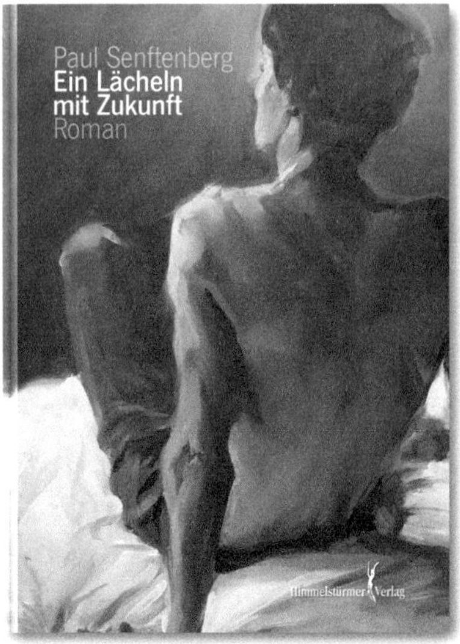

Paul Senftenberg

Ein Lächeln mit Zukunft

240 Seiten, Hardcover
ISBN print 978-3-86361-620-5
Auch als E-book

Ein kleiner Ort im nördlichen Österreich. Vier Männer, die auf der Suche sind: Hans, ein Bankbeamter Mitte fünfzig, hat erst spät zu seiner Homosexualität gefunden. Sein Sohn Andreas bestiehlt alte Damen und lehnt den Vater mit verletzender Heftigkeit ab. Den jungen Escort Marek macht die Sehnsucht nach einem Foto seiner verstorbenen Eltern, die in einem Brand umgekommen sind, fast verrückt. Und Rami, ein Flüchtling aus Syrien, hat mit den Höllenhunden seiner Vergangenheit zu kämpfen.

Vier Schicksale, vier Geschichten, die auf den ersten Blick in keinem Zusammenhang stehen, im Verlauf der Handlung aber immer enger miteinander verknüpft und schließlich zu einer dramatischen Erzählung mit Konsequenzen für alle Beteiligten werden.

Paul Senftenberg beschreibt die Ängste und Wünsche dieser Männer so plastisch, dass keine bloßen Romanfiguren mehr vor uns stehen, sondern Menschen aus Fleisch und Blut. Ihre Gefühle, ob uneingestanden oder bewusst, sind nichts anderes als ein verzweifelter Schrei nach Nähe und Liebe – nach so etwas wie Heimat im geografischen, aber auch besonders im mitmenschlichen Sinne.

Udo Rauchfleisch

Tod der Medea

Ein musikalischer Mord

212 Seiten, Hardcover
ISBN Print 978-3-86361-599-4
Auch als E-book

Der schwule Kommissar Schneider hätte nicht gedacht, dass er nach einer eindrücklichen Aufführung der Oper „Medea" im Basler Opernhaus am nächsten Tag vor der Leiche der Sängerin der Titelpartie stehen würde. In der Theaterwelt mit ihren Affären und Intrigen gibt es eine Fülle von Verdächtigen. Kopfzerbrechen bereitet ihm aber nicht nur die Ermittlungsarbeit, sondern auch sein Partner, der skeptisch ist gegenüber Schneiders Projekt, zusammen mit einem Lesbenpaar eine Regenbogenfamilie zu gründen.

Der Fall der „Medea" spitzt sich zu, als ein zweiter Mord erfolgt. Und nun wendet sich auch noch das Lesbenpaar an Schneider und bittet ihn, über das schwule Netzwerk einer jungen Frau aus dem Irak, die wegen ihrer Homosexualität in ihrem Heimatland verfolgt wurde und in die Schweiz fliehen konnte, bei ihrem Asylgesuch zu helfen. In dieser turbulenten Situation ist es einem Zufall zu verdanken, dass der Kommissar das Rätsel der Morde zu lösen vermag.